高等学校“十三五”规划教材

大学体育与健康教程

主　编　鱼　飞　许世东　王　耐
副主编　郝　震　张婧怡　马得平

北　京
冶　金　工　业　出　版　社
2020

内 容 提 要

本书共十三章，主要内容包括体育运动促进健康、科学健身与体重管理、田径运动、足球运动、篮球运动、排球运动、羽毛球运动、网球运动、游泳运动、武术、健美操、户外运动、大学生体质健康等。

本书可作为高等学校体育课教材，也可供体育研究人员和体育爱好者参考。

图书在版编目(CIP)数据

大学体育与健康教程/鱼飞，许世东，王耐主编．—北京：冶金工业出版社，2020.8

高等学校“十三五”规划教材

ISBN 978-7-5024-8568-9

Ⅰ.①大…　Ⅱ.①鱼…　②许…　③王…　Ⅲ.①体育—高等学校—教材　②健康教育—高等学校—教材　Ⅳ.①G807.4　②G647.9

中国版本图书馆 CIP 数据核字(2020)第 082618 号

出 版 人　陈玉千

地　　址　北京市东城区嵩祝院北巷 39 号　邮编　100009　电话　(010)64027926

网　　址　www.cnmip.com.cn　电子信箱　yjcbs@cnmip.com.cn

责任编辑　杜婷婷　美术编辑　彭子赫　版式设计　禹　蕊

责任校对　李　娜　责任印制　李玉山

ISBN 978-7-5024-8568-9

冶金工业出版社出版发行；各地新华书店经销；北京印刷一厂印刷

2020 年 8 月第 1 版，2020 年 8 月第 1 次印刷

787mm×1092mm　1/16；13 印张；310 千字；197 页

46.00 元

冶金工业出版社　投稿电话　(010)64027932　投稿信箱　tougao@cnmip.com.cn

冶金工业出版社营销中心　电话　(010)64044283　传真　(010)64027893

冶金工业出版社天猫旗舰店　yjgycbs.tmall.com

（本书如有印装质量问题，本社营销中心负责退换）

本书编委会

主　编　鱼　飞（西安理工大学）

许世东（四川旅游学院）

王　耐（河南中医药大学）

副主编　郝　震（河南中医药大学）

张婧怡（河南中医药大学）

马得平（重庆大学城市科技学院）

编　委（按姓氏笔画排序）

王　熠（内蒙古科技大学）

王科峰（成都信息工程大学）

卢　磊（北京服装学院）

白曼利（云南经济管理学院）

边永红（内蒙古民族大学体育学院）

刘家党（云南经济管理学院）

杨永芬（昆明学院）

杨江林（云南经济管理学院）

张　娟（云南经济管理学院）

张　强（云南经济管理学院）

陈　健（成都理工大学工程技术学院）

胡富松（海南热带海洋学院）

黄彦华（昆明医科大学）

董志江（广东石油化工学院体育学院）

蒋远松（四川师范大学）

魏　炜（西双版纳职业技术学院）

前　言

体育作为全面发展教育的重要组成部分，在大学教育中有着重要的地位和意义。大学阶段是人生观和世界观形成的关键期，这一时期形成的观念和养成的习惯对于一个人之后的人生有着至关重要的意义。相对来说，大学校园里有良好的体育锻炼氛围、完备的体育设施，学生也有较为充足的时间，因此学生在校期间应该努力学习体育技能，积极锻炼身体，养成良好的体育习惯，形成终身体育锻炼的意识，使体育锻炼行为贯穿自己的一生。

体育是高等教育的重要组成部分，是高校体育的中心环节。大学生是国之栋梁，健康的体魄是为祖国和人民服务的基础，是民族兴旺的生命力体现。为了能使大学生通过体育课的学习，树立健康第一的理念，掌握体育的基本理论、基本技术和基本技能，养成经常锻炼的良好习惯，形成终身体育锻炼的意识，实现高校体育教育的目的，作者依据《全国普通高等学校体育课程教学指导纲要》和《国家学生体质健康标准》，以“健康第一”为基本指导思想，立足于现实及实际需要，总结多年来体育教育改革的理论和实践经验，结合高校体育教学的实际情况和具体特点，编写了本书。书中以培养学生体育健康意识和介绍科学锻炼身体方法为主线，结合体育技能实践与体育文化知识，使全书在结构上更趋于合理，文字更加简洁，内容也更加实用全面。

本书的编写注重理论与实践相结合，突出知识性、实用性、大众性、健身性和娱乐性，内容丰富、图文并茂、生动易懂，可阅读性强，既可作为高校体育课程的教材，也可作为体育爱好者自主学习、锻炼的指导性书籍。

在本书的编写过程中，编者参考了相关专业书籍，在此对有关作者表示诚挚的谢意。

由于作者水平所限，书中不妥之处，希望广大读者批评指正，以便今后进一步完善和提高。

作　者

2020 年 5 月

目　录

第一章　体育运动促进健康

生命在于运动，科学的运动对于人体健康有着非常重要的促进作用。体育运动对大学生的身体健康和身体机能的发展有着直接的影响，对大学生的身心健康发展也有着非常积极的作用。本章首先简要阐述大学体育和健康的定义，然后对运动与健康之间的关系进行详细分析，最后阐释体育运动在预防、治疗、康复三位一体的健康链条中所占据的重要位置。

第一节　大学体育概述

大学体育指的是以大学生为运动对象，以促进大学生身心健康为目的的教育活动。大学体育是大学教育中一个非常重要的部分。大学体育不仅可以帮助大学生提升身体素质，同时还是对大学生进行生活教育、人生教育的重要课程。

健康的身体、强健的体魄是大学生学习、生活与工作的重要前提条件。科学地设计与实施具有一定运动强度的大学体育课程，以及丰富多彩、具有吸引力的课外体育活动，对于强健大学生体魄、提高大学生体能与健康水平具有非常重要的作用。

第二节　健康的定义

“健康”在医学中是一个非常重要的概念，可以说，健康是每一个人都在追求的理想目标。那么，健康究竟是什么呢？一般情况下，人们都会认为只要身体没疾病就表明这个人是健康的。然而事实并非如此，没有疾病并不代表一个人是健康的。世界卫生组织对于健康的标准有明确的阐释，其认为健康应包括身体健康、心理健康、社会适应能力良好和道德健康。新时代下的健康概念具有了更深一层的意义，它指出人们不应该将健康作为人生追求的终极目标，而应将其看作争取更丰富的生活体验应具备的必要物质条件。

要想成为一个健康的人，仅仅是身体强壮还不够。除了身体健康之外，他还应该是一个心理健康、社会适应能力良好并且道德健康的人，只有这样的人才是真正健康的人。

第三节　运动与健康的关系

人是一个非常复杂的动物，同时人体也是一个极其复杂的有机体，人体时刻都在发生着化学反应，因此人体是不断发生变化的。运动对于人体变化来说有着重要的促进作用，其可以有效刺激人体的激肌纤维，使其变粗，使人体肌肉变得发达而有力；除此之外，运动还可以有效促进人体成骨细胞的合成，让人体骨量的生成大于流失，从而促使人体骨骼变得更加结实和坚韧；运动的作用不仅仅表现在人体发育方面，同时还表现在促使人身心愉悦、释放压力上。

一、运动提高人身体的机能和素质

身体机能指的就是人的整体以及人体各器官、系统表现出来的生命活力，它包括机体的新陈代谢状况和各器官、系统的效能等。身体素质是人体在运动、劳动和日常活动中具有的综合表现，比如人的力量、耐力、速度、灵敏、柔韧等。人体机能是在运动中不断发展的，经常运动可以有效促进人体各个器官和系统的新陈代谢，使人体的结构和功能发生变化，从而提高人们的身体素质、增强人们的体质，最终达到提高人体健康水平的目的。

大学生如果能够长期坚持锻炼，那么就可以促进其心肺功能和免疫系统功能的提升，促进大学生骨骼生长，提高大学生的神经反应能力，使整个人充满活力。

二、运动促进心理健康

近几年我国社会经济发展取得了明显的进步，随着经济的发展与进步我国人民的生活方式也发生了巨大的变化，人们对健康的理解也在不断深化，人们逐渐意识到心理健康在人的整体健康中所处的位置十分重要。运动作为促进人体心理健康的有效手段之一，越来越受到人们的重视。一个人经常参加体育锻炼，就会使个体持续处于一种良好的情绪状态，从而促进个体改善自我认知、提高自信心并增加社会活动的参与度。

运动可以使中枢神经系统及其主导的部分大脑皮层兴奋性增强，促使人体神经系统的均衡性和灵活性得到改善，促进大脑思维能力提高。运动还可以使人的心理得到调节，使人心情舒畅。人在运动时，尤其是主动地从事一项自己喜欢的运动时，不但可以使自己心情舒畅，还可以在运动中增强自信心和自豪感，消除不良情绪。

第四节 运动是良医

21 世纪初，美国运动医学会正式提出“运动是良医”，作为解决人们健康问题的重要方式。对于少年儿童来说，运动可以促进他们健康水平的提高；对于成年人来说，运动可以降低成年人患慢性疾病的风险；对于老年人来说，运动可以使他们维持较高的独立生活能力，降低跌倒和骨折的风险，预防疾病的发生。运动可以从任何时候开始，只要个体愿意，随时都可以开展。

一、运动可以有效预防过度肥胖

有的人之所以过度肥胖，是因为其体内脂肪过度堆积并随之引发以脂类代谢紊乱为主的代谢性疾病，这一疾病被称作为肥胖症。肥胖症在发病初始阶段可能仅有脂肪过多堆积问题，但随着时间的延长和脂肪堆积程度的加剧，代谢系统就会出现紊乱，进而引发疾病。运动是预防肥胖的一个有效途径，人体在运动时会消耗适量的热能，从而促使能量的摄入与消耗处于平衡状态。表 1-1 是预防肥胖的运动处方。

表 1-1　预防肥胖的运动处方

运动强度	心率 130 ~ 145 次/分钟
运动时间	60 分钟
准备活动	5 分钟，肩、肘、腕、髋、膝、踝的柔韧灵活练习
主体活动	快走 + 慢跑交替 20 分钟（5 分钟一换）；仰卧起坐 30 个 + 俯卧撑 30 个 + 提踵 40 次，10 分钟；开合跳两组，10 分钟；全身韧带拉伸，10 分钟
整理活动	5 分钟，慢跑、快走、拉伸练习等

二、运动改善不良体姿

体姿指的就是人在站立、走和坐时身体各部位呈现的姿势。良好的体姿可以给人带来美感，同时也是健康的体现。但是从目前大学生的体姿来看，有很多是不良体姿，主要是由长期的不良生活习惯造成的。不良体姿的形成实际上是一个慢性的病变过程，早期症状并不明显，越到后期病变速度就越快，对身体产生的损伤也就越大。下面针对生活中出现的一些常见不良体姿提出纠正方法。

第一，颈部过度前屈的自我康复锻炼法。

首先，对颈前屈肌进行拉伸。盘腿端坐，上身挺直，视线水平看向前方，头部慢慢向后仰，一直到不能后仰为止，保持 3 秒不动状态，然后缓慢地向左侧转动头部，保持 3 秒，再缓慢转向右侧，保持 3 秒，最后转回初始后仰位，再缓慢回到初始位置；这一动作连续重复 5 ~ 8 次。需要注意的是，在后仰的过程中嘴巴需要紧闭，不要张嘴。

其次，对颈后肌群进行激活。上身挺直，视线水平看向前方，双手交叉置于脑后保持不动，头部抵抗双手后仰，保持 3 秒静止状态。在这一过程中尽量使手和头的位置保持不变。

第二，盆骨前屈的自我锻炼法。

首先，拉伸髂腰肌。单膝下跪，一条腿在前，前脚放置在膝的前部，头部直立，目视前方，背部挺直，身体微微向前倾，骨盆下移，保持这一动作 15 ~ 30 秒。然后换另一条腿重复做这一动作。

其次，放松背部肌肉。运动者可以自主拉伸或借助泡沫轴滚动放松。自主拉伸的时候，臀部要坐在脚跟上，双手向前伸，收腹。借助泡沫轴的时候，可以用泡沫轴滚揉背部肌肉。这两种方式，一个牵拉一个滚揉，都可以使背部肌肉得到有效放松。

再次，激活加强臀大肌。运动者仰卧，挺髋屈膝，双手与地面平齐，掌心向下，用力将臀部向上挺起。

最后，激活加强腹肌。在激活加强腹肌时可以选择静态的平板支撑或动态的仰卧抬腿。如果选择平板支撑，运动者在地板上做出俯卧姿势，手臂弯曲，放在肩膀下，身体保持挺直，保持这一姿势的时间尽可能长一些。需要注意的是，肩关节和身体要成直角，用脚趾和前臂支撑整个身体；如果选择仰卧抬腿，运动者仰卧于地面，双臂平放于身体两侧，双腿自然伸直，腰腹部收紧，背部紧贴地面，将双腿抬起，然后慢慢地放下。运动者每次可以做 20 ~ 30 个。

三、运动辅助治疗慢性病

慢性病指的就是在长期的过程中形成的、不具有传染性的疾病，是对病程漫长、病因复杂、病情迁延不愈这一类疾病的总称。在日常生活中，较为常见的慢性病有心脑血管疾病、肿瘤、糖尿病、骨质疏松症、肝肾疾病、慢性骨关节病等。

科学合理的饮食结构、适度合理的运动、戒除损害健康的因素、始终保持积极乐观的心态被称作维持人体健康的四大基石。这四大基石中，运动是最核心的部分。运动不仅可以使人长期维持在健康的状态，同时还可以促进机体从疾病或亚健康状态转向健康状态。近几年，运动开始越来越多地用于干预慢性疾病的治疗，并都取得了很不错的效果。比如人们通过运动来缓解高血压、干预糖尿病、治疗心脏病等。

四、运动促进身体功能的恢复

人在伤病之后进行适量的运动是非常有助于患者恢复身体健康的做法，运动不仅可以使伤病者维持之前的身体机能，同时还可以促进伤病者身体功能的快速恢复。但是需要强调的是，伤病的治疗还是要遵循医生的嘱咐，这里只是提供一些参考方案。

（一）踝部扭伤的运动康复训练

在日常生活中，踝部扭伤很常见，如果不是重度的肌肉或者韧带撕裂是不需要进行手术的，轻微的拉伤可以采取冷敷、制动、外敷创伤药、加压包扎、抬高患肢等方法处理。为了促进伤者的恢复，伤者一般需要在扭伤 24 小时之后再运动，刚刚受伤不宜剧烈运动。需要强调的是具体情况还是要遵循医嘱。

（1）扭伤早期。运动者在扭伤之后之所以还需进行运动，主要目的是促进血液循环、尽快消除水肿。为了防止扭伤侧下肢制动导致肌肉粘连，伤者可以尝试进行动作幅度较小的脚趾活动，在做脚趾活动的时候要在不引起踝关节活动的前提下尽可能缓慢、大范围地进行。除此之外，伤者还可以做股四头肌的等长收缩练习，将大腿前侧肌肉用力收缩后保持 1 秒，然后放松，接着再用力收缩，往复循环，在不引起疼痛的情况下尽可能地多做。

（2）扭伤中期。伤者在扭伤中期做相关运动的目的是促进踝部正常功能的尽早恢复，防止肌肉力量由于长期不运动出现减弱现象。除了在扭伤早期要做练习之外，还要在护具、绷带的固定下，在不引起疼痛的范围内尽可能大角度地进行踝关节的主动跖屈、背伸活动。比如伤者可以坐在床边，使双腿悬空，然后进行左右交替的直腿抬高练习；伤者也可以坐在床边或椅子上，让脚部着地，做前后左右移动动作。可在不引起伤者扭伤处疼痛的前提下，使伤者逐渐从扶拐双腿站立过渡到双腿站立→单腿站立→扶拐行走→双腿行走→快速走慢跑→快跑。

（3）扭伤后期。伤者在扭伤后期还进行运动，其主要目的是促进自身综合运动能力和体能的快速恢复。在后期伤者可以做折返跑、“8”字跑或者前后左右上下跳的运动。

（二）肱骨干骨折后的运动康复训练

肱骨干骨折之后的一个星期是炎症期，这个时候骨折处被血肿和炎性组织包围着，骨折处没有连接点，这个时候患者可以在无疼痛的范围内进行腕关节的轻微活动练习，患者做手指的伸展屈伸运动，目的是促进上肢的血液循环，消除水肿。受伤后的第 2 ~4 周一般是修复期，骨折的地方开始出现极少的连接，同时出现软骨痂，在无疼痛范围内，可以做肩关节的前屈后伸、外展内收以及肩关节的钟摆运动和肘关节的屈伸运动。到了第 4 ~6 周的时候，就逐渐出现并不断增加骨性骨，骨折处开始变得稳定，这一时期应该加大肩关节及肘关节各方向主动及辅助活动的幅度。在第 6 周之后就可以开始做肱二头肌和肱三头肌等锻炼了。

第二章　科学健身与体重管理

大学生在参加体育锻炼的时候，必须要在科学的健身理念指导下进行，避免因观念、方法错误导致事倍功半，达不到预期的锻炼效果，甚至造成运动损伤或体重失控。

第一节　健身运动指南

研究表明，人体健康和健身运动之间存在着一种量效关系。健身运动在很大程度上促进了人体的健康，美国运动医学学会和美国心脏学会提出了表 2-1 所示的成年人健身运动指南。

表 2-1　成年人健身运动指南

运动频率	运动项目和内容
至少 5 天/周	中等强度的有氧运动（心血管耐力运动）、负重练习
至少 3 天/周	较大强度的有氧运动、负重练习
3 ~5 天/周	中等强度和较大强度相结合的有氧运动练习、负重练习、柔韧性练习
2 ~3 天/周	肌肉力量和肌肉耐力练习、抗阻力量练习、柔软体操、平衡性和灵活性运动

第二节　科学健身的基础知识

一、科学健身的原则

既然是科学的健身就需要遵循一定的原则，这些原则不仅是人们进行科学健身的依据，同时还是练习效果评估的重要标准，其主要包括以下四个方面的原则：

（1）全面发展原则。高校大学生在参加学校体育锻炼的时候，要注意活动内容的多样性，同时还要注重身体机能的全面提高。高校大学生参加体育锻炼应该以促进身体的全面健康发展为首要目的。

（2）适宜负荷原则。体育运动并不是参加的越多就越好，合理安排体育运动、适量的运动负荷对身体的健康才是有利的。合理的运动负荷不仅可以增强锻炼者的个人体质，同时又与自身的运动承受能力相符合，这对于保持大学生身体的健康有着重要的作用，因此，选择适宜的运动负荷非常重要。

（3）循序渐进原则。高校大学生在进行体育锻炼时需要遵循循序渐进的原则。例如，刚开始锻炼时可以每天跑 400 米，原地跳绳 2 分钟；经过一段时间的锻炼之后，如果觉得不累了，还有余力，就可以加快跑步速度，增加 2 分钟内跳绳的次数，以此慢慢地延长跑步距离和跳绳的时间。

(4) 持之以恒原则。体育锻炼不是一次性的，它需要锻炼者长期坚持，只有长期坚持才会取得良好的运动效果。因此高校大学生应该有意识地培养自己的体育锻炼习惯，使之成为日常生活中重要的组成部分。

二、科学健身“三部曲”

(一) 第一个“三部曲”

人体运动使得人体从原本静止的状态进入到运动的状态，运动结束之后又进入了结束阶段，在这一过程中，无论是人体内脏器官的工作能力，还是人体的实际运动能力，都经历了一个从低到高并在一段时间内保持在一个较高水平，然后逐渐下降至运动前水平的过程。所以，依据这一规律，人们会把运动健身的过程分为三个阶段，即开始阶段、基本阶段和结束阶段，这三个阶段构成了“三部曲”中的第一个“三部曲”。

1. 开始阶段

刚开始运动的时候，运动者可以先做 10 ~ 15 分钟的热身运动，比如慢跑、徒手体操等。运动前的热身运动可以有效加快运动者血液的流动速度、升高运动者的体温、提高机体的柔韧性，使机体为后面的大量运动做好准备。接下来运动者就可以做身体各个部位的伸展运动。在做伸展运动时应该先伸展大关节，然后再伸展小关节，这样做的目的是确保主要活动大肌肉群能够按先后次序获得充分伸展，使肢体活动顺畅。伸展运动一般可以分为两种，即静态伸展和动态伸展。静态伸展采取的都是较为缓慢的动作，固定于某个姿势，对肌肉进行拉伸；动态伸展则是通过摆腿等动作有节奏、快速地使肌肉得到拉伸的练习方法。

2. 基本阶段

基本阶段是运动的主体部分。控制运动负荷是这一阶段需要解决的核心问题。运动负荷的大小、持续时间的长短、自我感受疲劳的程度以及休息的时间等是影响这一阶段运动效果的重要因素，对运动负荷做出主动、及时的评价是保持运动效果的关键因素。一般情况下运动者可以根据运动后的即刻心率或者第二天晨脉的变化来判断运动负荷是否合适。需要强调的是，固定时间点或有规律地对心率值的变化进行测定分析，对于调整运动负荷、提高运动效果非常重要。这一阶段运动者的锻炼时间一般控制在 30 ~60 分钟。

3. 结束阶段

结束阶段运动者应该逐渐降低自身的运动强度，在结束之后运动者可以做 5 ~10 分钟的放松性练习，比如慢跑、柔软体操、放松按摩等，也可以做一些拉伸运动。需要注意的是，运动完之后不要立刻休息。

(二) 第二个“三部曲”

根据运动者身体的适应情况和运动能力的提高情况，可以将健身分为适应阶段、身体适应能力改进提高阶段、维持稳定阶段这三个阶段。这三个阶段共同构成了科学健身的第二个“三部曲”。

1. 适应阶段

不同的人由于身体素质等方面的差异，其适应阶段所用的时间长短也不一样。在适应阶段，运动者的身体会感觉到各种不适，比如肌肉酸痛、疲劳、食欲下降等。

2. 身体适应能力改进提高阶段

在这一阶段，运动者的身体不适感会逐步减弱直至消失，在完成一段新的运动之后就会出现较前一阶段轻松的感觉，运动能力也不断得到提高。

3. 维持稳定阶段

这一阶段是第二部的最后一个阶段，在这一阶段中，运动者在完成相同运动负荷或同样的运动项目时，身体较前一个阶段会明显出现"节省化"现象，此时运动者的自我感觉、运动能力和技术动作都能够保持在一个稳定的水平。

三、科学健身的注意事项

科学健身的注意事项主要有三个方面，分别是运动前注意事项、运动中注意事项和运动后注意事项。

（一）运动前注意事项

运动前非常重要的一点就是运动者需要了解自己的健康状况，根据自设的健康状况选择合适的运动项目或锻炼内容。除此之外，运动者要特别注意以下事项：第一，伤病状态下不宜运动；第二，雷雨天气尽量避免在户外运动；第三，运动前应取下身上佩戴的坚硬饰品；第四，检查运动环境和运动器械的安全情况。

（二）运动中注意事项

运动中运动者需要特别注意以下事项：第一，如果运动的时间较长，运动者需要注意休息和补水；第二，时刻关注自己的身体状况，如果出现不适，应及时停止运动；第三，如果受伤，一定要停下来，在原地不动，及时寻求路人的帮忙。

（三）运动后注意事项

运动者在运动之后需要注意以下事项：第一，运动后不要立刻坐下或者躺下休息，应做一些放松运动；第二，及时给身体补水，遵循少量多次的原则；第三，如果出现不适，一定要及时寻求老师和医生的帮助。

第三节 科学健身计划的制定与运动习惯的形成

一、科学健身计划的制定

（一）年度健身计划

1. 健身目标

年度健身计划的健身目标属于远期目标。一般年度健身计划可以同时设定 2 ~ 4 个健身目标，但需要弄清楚不同健身目标之间的相互关系和先后顺序。例如，一个体重超重者有一定的运动功能障碍，那么其年度健身计划中就可以设定消除运动功能障碍和塑造优美身体形态两个健身目标，这两个健身目标的顺序一定不可以混淆，因为只有在消除运动功能障碍之后才有可能塑造优美的身体形态，所以消除运动功能障碍就是健身计划的前期目标，塑造优美身体形态则是健身计划的后期目标。

2. 健身形式

年度健身计划中的健身形式可以根据健身目标来确定健身形式的大致类别，但需要注意的是，一定要以运动者的身体功能评定结果为依据。例如，想提高心肺功能和耐力素质的锻炼者，可选择以有氧运动为主的练习。

3. 运动量

运动量是健身计划中最为灵活的一部分，所以在年度健身计划中，运动量的设定不需要过于精确，只需要对运动频率有一个初步确立就行，比如确立运动者每周进行锻炼的次数，需要注意的是运动者的运动频率还是要根据运动者的健身目标和身体健康状况而定。研究表明，每周锻炼 1 次并不能起到很好的健身效果，而且每次运动之后会产生肌肉酸痛和疲劳的现象，严重的时候还会引起运动损伤；每周锻炼 2 次，健身效果不会显著蓄积，每次运动后的肌肉酸痛和疲劳会较每周运动一次有所减轻；每周锻炼 3 次，健身效果较为明显，且在运动后基本没有肌肉酸痛和疲劳的感觉；每周锻炼 4 ~ 5 次，其健身效果是最理想的。综上所述，每周锻炼 3 ~ 5 次是比较适宜的运动频率。从健身效果和超量恢复两方面考虑，两次运动的时间间隔不宜超过 3 天。

4. 注意事项

年度健身计划的制定应该遵循以下五个原则，即循序渐进原则、全面性原则、经常性原则、区别对待原则、准备活动和整理活动原则。

（二）月健身计划

1. 健身目标

相比于上面提到的年度健身计划，月健身计划的健身目标属于近期目标。与年度健身计划设立的目标不同，月健身计划中应该对阶段性目标做出明确规定，如提高某些关节的活动幅度、增强某组肌肉群的力量、降低多少体脂含量等。

2. 健身形式

在对月健身计划的健身形式进行确定时，需要考虑到三个方面的内容：第一，当月的主要健身目标；第二，自己的兴趣、爱好、特长及运动经历；第三，运动的条件与环境。如果锻炼者锻炼了一段时间之后，发现某一运动形式不适合自身情况，应该对该运动形式作出及时调整或更换，以保证科学健身，促进健身目标的达成。

3. 运动量

在月健身计划中，除了要体现出运动的频率之外，还应该体现出运动的强度，比如每周进行三次中等强度的运动。运动强度是健身计划定量化和科学化的重要指标，也是在制定健身计划的过程中比较困难的环节，它直接影响到运动者的健身效果以及健身过程中的运动安全性，在健身过程中需要通过监测来确定运动强度是否适宜，其中比较直接有效的监测方法就是测量运动者的心率。

4. 注意事项

运动者在制定月健身计划的过程中应该明确禁忌参加的运动项目和容易发生危险的动作。

（三）周健身计划

1. 健身目标

健身效果的呈现具有一定的生物节律性，所以周健身计划拟定的健身目标需要和当月健身计划拟定的健身目标相一致，运动者不可以因为一时看不到效果就随意更改已经拟定好的健身目标，但是运动者可以对一周内的几次健身训练分设为几个不同的具体目标。例如，月健身计划和周健身计划的健身目标均为增加肌肉力量，一周内第一次训练的目标肌肉群可以设定为胸大肌，第二次可以设定为腹直肌，第三次可以设定为股四头肌等。

2. 健身形式

在周健身计划中，运动者对健身形式的选择应该具有多样化，健身形式的多样化可以有效提升运动健身的效果，同时还可以有效提高运动者的健身兴趣，增强运动的趣味性。例如，一个以提高心肺功能为健身目标的锻炼者，其年度健身计划中选取的健身形式为有氧运动，那么，在周健身计划中，可设计一周内第一次训练为慢跑，第二次为游泳，第三次为健身操等。

3. 运动量

在设定周健身计划的运动量时，除了包括运动频率、运动强度之外，还应该包括运动的时间，既可以是一周内所用的总的运动时间，也可以是一周内每一次参加运动的时间。相关数据表明，成年人每周进行 150 分钟或每天进行 30 分钟的中等强度的运动对成年人的健康是有着很大的益处的，但是如果运动的时间达到了每周 600 分钟或每天 120 分钟，那么就有可能因为过度锻炼而造成身体损伤。

4. 注意事项

运动者在制定周健身计划的时候，需要提前对体育卫生知识有所了解，比如在剧烈运动后不能立刻坐下或躺下休息，以免引起“重力性休克”或其他不适感，也不能立即吃冰冷的食物或者马上洗澡等，这些都很容易造成身体的不适。

（四）日健康计划

1. 健身目标

运动者一旦确立了日健身计划，就必须严格执行，以保证日健身计划中健身目标的顺利完成。除此之外，运动者在设定日健身计划的健身目标时可以参照周健身计划中的规划，比如当日训练的主要目标肌肉群为胸大肌。

2. 健身形式

运动者在制定日健身计划时，需要明确日健身计划中需要采取的健身形式，而且是全部的健身形式，同时还要注意健身形式与运动量之间的对应关系。

3. 运动量

运动者在制定日健身计划时，需要对运动量有确切的表述，包括运动的频率、运动的强度、运动持续的时间、动作重复组次数以及运动间隔时间等。如果健身计划中以力量或柔韧为主，则必须注明重复组次数及间隔时间，因为重复组次数的不同以及间隔时间组合的不同都会对锻炼效果产生影响。

4. 注意事项

日健身计划中需指明训练量区间范围的界定标准、靶心率以及需停止运动的指征等。

二、运动习惯的养成

(一) 开始规律运动

现在的社会，人们的生活节奏加快，大多数人都知道运动对人的身体健康有着很大的益处，但是由于学习或者工作的原因总是挤不出时间锻炼，因此也很难养成锻炼的习惯。所以，对大多数人而言，规律的运动习惯很难养成。

锻炼者在还未开始运动之前，首先做的应该是“找到”或“挤出”运动时间。最开始的运动可以是走、慢跑、跳绳等强度较低的体育运动形式。

(二) 逐渐改变

锻炼者刚开始锻炼的时候可以选择一些运动强度低的有氧运动，比如走、慢跑等，每次坚持运动 10 ~ 30 分钟，每周三次。两个星期后，锻炼者就可以尝试增加运动时间、距离和速度，慢慢养成运动的习惯。在循序渐进的锻炼过程中，人的精力就会更加充沛、体力更好、信心更足，进而可加快锻炼进程。需要注意的是，不提倡锻炼者突然加大运动负荷的激进做法，因为运动强度太大、进展太快容易导致肌肉疼痛甚至身体损伤。

(三) 设定目标

激发动机并持续保持它的关键在于设定目标。大学生应根据自己的情况，设定具体的、可测量的、可实现的运动目标，同时确定实现这一目标的具体途径。

第四节　体重的控制与管理

一、体重控制的原理

人体能量摄取与能量消耗之间存在着三种关系：第一，能量负平衡关系；第二，能量正平衡关系；第三，能量平衡关系。所谓的能量负平衡指的就是人体能量摄入小于能量消耗，此时摄取的能量不能满足机体的需要，身体组织会分解释放能量以供机体所需，从而体重下降；能量正平衡指的就是能量摄入大于能量消耗，此时摄取的能量超过机体的需要，消耗不掉的多余能量就会储存于体内，然后以脂肪的形式储存起来，使体重增加，体脂增多。健康的成年人如果能够长期保持身体的能量平衡，那么其体重就会长期稳定，保持不变。

二、体重控制的方法及注意事项

要想保持体重不变，就应该遵循“能量平衡”的原理，也就是在控制饮食量和运动量的同时严格保持能量消耗与能量摄入的动态平衡。

如果要使体重变轻，就需要确保能量消耗大于能量摄入。这个时候就可以采取“控制饮食 + 运动”的方法，控制饮食可以有效减少能量的摄入，而运动又可以促进人体能量的消耗。

减重者要尤其注重饮食方面，注意平衡膳食，尽量减少热量的摄入。饮食应该选择一些低热量、营养素全面的食物，比如瓜果、蔬菜、瘦肉等。限制性地摄入高热量、高糖分食物，比如油炸食物、巧克力、糖果等。还应该减少零食的摄入，睡觉前尽量不要再吃任何东西，因为睡前吃东西不易消化，更容易长胖。

在运动方面应该注意遵循循序渐进的原则，以消耗大量能量的运动为主，但是不可以过度劳累。运动可以使体重减轻的主要原因就是锻炼者的身体脂肪减少了。有的时候锻炼者的体重变化并不明显，但实际上其身体已经发生了很大的变化，比如肌肉增加了，脂肪减少了，运动能力提高了等。

如果想要减轻身体的重量，单纯控制饮食也可以达到这一目的，但这种方式容易造成营养不良，使身体营养跟不上机体需求，且由于不能及时补充足够的营养和能量，肌肉会变得无力，机体也会因为身体能量供应不足而使运动能力下降。

三、体重管理和运动处方

体重的管理依赖于能量平衡，受能量摄入与能量消耗的影响。超重的人要想使体重下降，其能量的消耗就必须超过能量的摄入。对于体重超重的人来说，减轻体重对于其自身的健康也是有着很大的好处。而通过运动就可以增加身体对能量的消耗，从而可以有效减轻体重，并且还能防止体重反弹。表 2-2 是针对超重人群提出的运动处方，可以作为运动参考。

表 2-2 超重人群的运动处方

运动频率	每周至少 5 次，使能量消耗最大化
运动强度	起始运动强度应保持在中度强度，逐渐延长运动时间并增加运动频率，直至增加到较大运动强度
运动时间	起始每天 30 ~ 60 分钟，每周共 150 分钟，逐渐增加至每周 300 分钟中等强度运动或 150 分钟较大强度运动，或两种强度的运动各半。间歇运动每次至少 10 分钟，逐渐积累也能获得持续运动的效果
运动类型	主要是有大肌肉群参与的有氧运动，辅以平衡训练或抗阻力量训练

第三章　田 径 运 动

田径运动是体育运动中一个非常重要的组成部分，田径运动看起来比较简单易行，但实际上这项运动包含了多种技法。选择适合自身发展的田径运动可以有效改善人体形态，改善人们的身体素质，提高人们的心理机能。

第一节　田径运动概述

一、田径运动的起源与发展

田径运动通常以个人运动为主，主要是由走、跑、跳、投等运动技能组成。人类自形成以来，就开始在劳动中不断重复走、跑、跳、投等动作，在不断重复中掌握了相关技能。而田径运动的真正形成是在公元前七世纪第一届古代奥运会上。

现代田径运动的发源地是在欧洲。20 世纪初期国际业余田径联合会成立。19 世纪末在希腊举办的第一届现代奥运会上，田径上的走、跑、跳、投等被列为主要比赛项目，从此现代田径运动的影响力逐渐扩大。

二、田径运动的特点与分类

（一）田径运动的特点

1. 健身特点

田径运动比较容易开展，且对条件的要求比较低。同时，田径运动也是健身价值比较高的一项运动项目，长时间系统地参加田径运动锻炼，可以有效提高人的走、跑、跳、投等基本运动技能，同时还可以促进人的速度、力量、耐力、灵敏、柔韧等身体素质的提高。

2. 竞技特点

竞技体育是社会文化中一个非常重要的组成部分，每年无论是国际田径运动还是国内田径运动，其举办的比赛还是比较多的。田径运动比赛是竞技运动中公平竞争的典范，运动员的精神和运动美是激励人们欣赏体育的源泉。

3. 运动基础特点

田径运动的运动基础价值主要表现在以下三个方面：首先，走、跑、跳、投等基本运动技能是人类自形成以来就在使用的，其是人类永远无法摆脱的；其次，有很多其他的体育运动项目也都离不开走、跑、跳、投等基本动作技能；最后，适当地参加田径运动可以有效而全面地提高人的身体素质。

4. 教育特点

通过参与田径运动项目训练和比赛，参加者不仅可以在技术学习中提高自身的心智，同时还要承受一定的生理和心理负荷，并且还要遵守一定的要求和规则，这样的过程有利于田径运动者良好思维的形成，对于其心理素质的提升也有作用。

5. 娱乐特点

田径运动能够使人身心愉悦，在各种以田径运动为主的游戏和比赛中，参加者自身技术的改进、运动水平的提高都会给参加者本人带来很大的心理满足，使其身心得到健康发展。

6. 回归自然特点

在经济高速发展的现代社会，人们对纯真的大自然更加的渴望，而走、跑、跳、投等基本技能是人类在与自然环境斗争中逐渐产生的技能，也是人类与自然环境进行斗争的重要手段，田径运动能力的提高可以促进人们生存能力的提高。

（二）田径运动的分类

《国际田径规则》将田径运动分为六种类型，即径赛、田赛、公路跑、越野跑、山地赛跑和竞走。国际正式比赛中对田径运动的分类以及具体比赛项目见表 3-1。

表 3-1 国际正式比赛中田径运动的比赛项目

<table>
<tr><th colspan="2">类别</th><th>组别</th><th>项目</th></tr>
<tr><td colspan="2" rowspan="2">竞走</td><td>男子组</td><td rowspan="2">场地赛 5000 米、10000 米，公路赛 20 千米、50 千米</td></tr>
<tr><td>女子组</td></tr>
<tr><td rowspan="13">跑</td><td rowspan="2">短距离跑</td><td>男子组</td><td>100 米、200 米、400 米</td></tr>
<tr><td>女子组</td><td>100 米、200 米、400 米</td></tr>
<tr><td rowspan="2">中距离跑</td><td>男子组</td><td>800 米、1500 米、3000 米</td></tr>
<tr><td>女子组</td><td>800 米、1500 米</td></tr>
<tr><td rowspan="2">长距离跑</td><td>男子组</td><td>5000 米、10000 米</td></tr>
<tr><td>女子组</td><td>5000 米、10000 米</td></tr>
<tr><td rowspan="2">跨栏跑</td><td>男子组</td><td>110 米栏（1.067 米）、400 米栏（0.914 米）</td></tr>
<tr><td>女子组</td><td>100 米栏（0.838 米）、400 米栏（0.762 米）</td></tr>
<tr><td>障碍跑</td><td>男子组</td><td>3000 米</td></tr>
<tr><td rowspan="2">马拉松</td><td>男子组</td><td>42.195 千米</td></tr>
<tr><td>女子组</td><td>42.195 千米</td></tr>
<tr><td rowspan="2">接力跑</td><td>男子组</td><td>4×100 米、4×400 米</td></tr>
<tr><td>女子组</td><td>4×100 米、4×400 米</td></tr>
<tr><td colspan="2" rowspan="2">跳跃</td><td>男子组</td><td>跳高、撑竿跳高、跳远、三级跳远</td></tr>
<tr><td>女子组</td><td>跳高、撑竿跳高、跳远、三级跳远</td></tr>
<tr><td rowspan="4">投掷</td><td rowspan="2">铅球</td><td>男子组</td><td>铅球（7.26 千克）</td></tr>
<tr><td>女子组</td><td>铅球（4 千克）</td></tr>
<tr><td rowspan="2">标枪</td><td>男子组</td><td>标枪（800 克）</td></tr>
<tr><td>女子组</td><td>标枪（600 克）</td></tr>
</table>

续表 3-1

类　别		组别	项　　目
投掷	铁饼	男子组	铁饼（2 千克）
		女子组	铁饼（1 千克）
	链球	男子组	链球（7.26 千克）
		女子组	链球（4 千克）
全能		男子组	100 米、跳远、铅球、跳高、400 米、110 米栏、铁饼、撑竿跳高、全能标枪、1500 米
		女子组	100 米栏、铅球、跳高、200 米、跳远、标枪、800 米

三、田径运动主要赛事

田径运动赛事的内容还是比较的丰富的，国际上的田径比赛主要有奥运会田径比赛、世界田径锦标赛、世界杯田径赛、国际田联钻石联赛等。

我国的田径比赛主要有全国田径锦标赛、全国田径冠军赛、全国田径大奖赛等。

第二节　径赛运动的基本技术

径赛运动的项目还是比较的丰富的，这里只对高校学生参与的较多的竞赛进行介绍，主要包括短跑、中长跑、接力跑和跨栏跑四种。

一、短跑

短跑项目是田径运动中一项最为基础的项目，短跑对于其他运动项目的训练也有着非常重要的作用。短跑的基本技术有四个方面，即起跑技术、加速跑技术、途中跑技术和终点跑技术。

（一）起跑

起跑指的就是运动者从静止到起动的过程。起跑的主要目的是能够迅速摆脱原本的静止状态，并获得一种较强的向前冲力，为后续的加速跑创造前提条件。起跑需要借助一定的起跑器，起跑器的安装方式主要有两种，即拉长式安装方式和普通式安装方式。短跑采取的起跑技术主要是蹲踞式起跑技术。在听到“各就位”的指令时，要求起跑者两臂伸直，手指成拱形做弹性支撑，身体重量均匀地落在两手、脚和后膝之间，身体稳定；在听到“预备”指令时，要求逐渐抬起臀部，身体重量主要落在两臂与前腿之间，臀部稍高于肩，两肩要超出起跑线，然后听到鸣枪时快蹬、快摆，以最快的速度蹬离起跑器，注意前摆时脚掌不要离地过高。

弯道起跑时，为了能够形成一段直线距离的加速跑，应该将起跑器安装在跑道右侧正对左侧弯道的切点方向。用左手撑在起跑线后的 5 ~ 10 厘米的地方，身体正对着弯道的切点。加速跑的距离较短，上体抬起的也较早，沿着切线迅速跑进。

从直道进入弯道以后，身体应该稍微向圆心方向倾斜。后蹬时，右脚的前脚掌内侧需要用力，而左脚则是前脚掌外侧用力。摆动时，右腿膝关节稍向内，左腿膝关节稍向外。

右臂的摆动幅度和力量略大于左臂。尽可能沿着跑道内侧进行跑进。

在弯道进入直道的最后几米，应该开始逐渐减小身体内倾的程度，在 2 ~ 3 步的惯性跑之后快速转入正常途中跑。

（二）加速跑

加速跑指的就是从蹬离起跑器到开始途中跑。加速跑的主要目的是充分利用向前的冲力，达到速度的最大化。加速的距离通常情况下都是 30 米，优秀的运动员可以达到 60 ~ 70 米。起跑后第一步不宜过大，为 3.5 ~ 4 脚长，第二步为 4 ~ 4.5 脚长，然后再逐渐地增大。刚开始的时候，上体前倾的幅度较大，随着步长和速度增加，上体逐渐抬起，重心逐渐提高，脚着地点形成的轨迹逐渐成为一条直线。

（三）途中跑

途中跑是全程中跑速最快的一段，其主要任务就是继续发挥和保持较高的跑步速度。途中跑着地时脚掌富有弹性地积极扒地，后蹬时支撑腿在摆动腿的拉动下，快速有力地伸展髋、膝、踝三个部位的关节，摆动腿同侧骨盆送髋并迅速有力地向前上方摆动。腾空时刚结束后蹬动作的支撑腿小腿应该随着蹬地的惯性迅速地向大腿部靠拢，从而形成大腿、小腿一边前摆一边折叠的动作。另一摆动腿积极下压，使膝关节放松下来，小腿随着大腿下压惯性地向前下方摆出，做积极的下落扒地动作。腾空的时候，应该使不参与工作的肌群得到瞬间的放松与休息。

（四）终点跑

终点跑是全程跑的最后一个阶段（通常为最后 15 ~ 20 米的距离），也是最为关键的一个阶段，终点跑的主要任务就是尽可能地保持途中跑的最高速度，力求即使是在疲劳的情况下依然能够保持途中跑的正确技术，并以最快的速度跑过终点。终点跑在技术上的要求就是上体要适当前倾，同时加强后蹬和摆臂的力量，撞线时上体迅速前倾，躯干撞线。顺利跑过终点之后应该逐渐地降低速度，不要急停，以免跌倒受伤。

二、中长跑

和短跑所需的极限爆发力不同，中长跑要求运动员既要保持一定的跑步速度，跑的时间又要足够长，所以中长跑的要求一般都是动作要尽可能的轻松自然，身体重心要平稳地移动，节奏感强，肌肉用力和放松交替能力好。中长跑的基本技术有四个方面，即起跑和起跑后的加速跑、途中跑、终点跑、呼吸。

（一）起跑和起跑后的加速跑

（1）中长跑的起跑姿势主要有两种，即半蹲式起跑姿势和站立式起跑姿势。

（2）800 米跑通常都会采取分道跑的方式，运动员在进行 800 米跑的时候一般都采用单臂支撑的半蹲式起跑技术；1500 米以上的项目不再区分跑道，运动员一般采取站立式的起跑技术。

（3）运动员不管是跑直道还是跑弯道，都应按照切线方向朝着有利的位置跑进。

（4）在起跑后进行加速时，需要在不妨碍、不影响他人的情况下跑向能充分发挥个人速度和战术的位置。

（5）运动员需要按照既定的速度进行有节奏地途中跑。

（二）途中跑

（1）运动员在脚着地缓冲之前，摆动腿的大腿应该积极向下压，小腿顺势前摆做扒地动作，着地腿的膝关节应该是弯曲的。

（2）脚着地时应该让前脚掌或者前脚掌外侧先着地，然后再过渡到全脚掌着地。脚尖应该正对着跑进方向，避免脚向内或向外偏。

（3）脚着地之后，小腿后侧肌群和大腿前侧肌群应积极而协调地退让，以减缓着地的制动力；在伸肌退让的同时，应迅速屈踝、屈膝、屈髋完成缓冲动作。

（4）运动员在做后蹬前摆动作时，后蹬的方向需要与跑的方向一致。如果前摆的方向不正就会影响到后蹬的方向。

（5）后蹬结束时，上体稍前倾，后蹬腿充分发展，髋前送，腾空阶段主要肌群都应适度放松，以减少能量的消耗，保持较快的速度跑完全程。

（6）在进行弯道跑进时，运动员的身体需要向左倾斜，右臂摆动的幅度要大，右脚着地时脚掌稍微内旋。

（三）终点跑

爆发力较强的运动员在跟随跑的前提下，在最后阶段可能会突然加速；而如果是耐力较好的运动员，那么为了最后的胜利其很有可能会在更多阶段加速。

运动员在进入冲刺阶段之前应该提前抢占有利位置，并注意观察对方的状况，找准加速的时机。一旦决定加速就应采取突然加速的方式，拼尽全力，一鼓作气地冲到终点。

冲刺的时候运动员需要加大摆臂幅度，加快步频。

（四）中长跑中的呼吸

（1）运动员应该掌握正确的呼吸方式，即用鼻子和嘴同时呼吸。

（2）中长跑过程中的呼吸节奏应该和跑的节奏相互配合，可采用三步一呼吸、两步一呼吸、一步半一呼吸或一步一呼吸。

（3）在跑步过程中切记不能憋气，以免造成呼吸困难。

三、接力跑

（一）起跑

1. 持棒起跑

持有第一棒的运动员一般都采用蹲踞式起跑技术，这一技术类似于短跑起跑技术，但接力棒不可以和起跑线接触或者超过起跑线。持棒的方式为用中指、无名指和小拇指握住棒的末端，用大拇指和食指分开撑地。

2. 接棒人起跑

第二棒、第三棒和第四棒运动员大多采用半蹲式或站立式起跑技术。第二棒和第四棒的运动员需要站在跑道外侧，第三棒运动员站在跑道内侧。接棒人对于起跑姿势的选择主要取决于能否快速起跑和进入加速跑，同时还能够清晰地看到传棒人以及预设的起动标志。

（二）传、接棒方法

1. 上挑式

接棒人的手臂自然向后伸出，手臂与躯干成40°～45°，掌心向后，虎口张开朝下，传棒人将棒“挑”送到接棒人手中。上挑式的优点就在于接棒人做手臂后伸动作时呈现出比较放松的状态，比较容易掌握。但这一接棒方式也有缺点，其缺点就是第二棒运动员接棒后，握到了接力棒的中间部位，而在第三、第四棒运动员传接棒时，棒的前端所剩的空间就不多了，这样不便于持棒快跑且容易掉棒。

2. 下压式

接棒人手臂自然向后伸出，与躯干成50°~60°的角度，掌心向上，虎口向后，传棒人将棒“压”送到接棒人手中。下压式传、接棒方式的优点就在于每一次传、接棒都能握住棒的一端，便于持棒快跑。缺点就是接棒人在手臂向后伸出时比较紧张。

（三）传、接棒的时机

正确地进行传、接棒以及确定起跑标志线的位置是保证在接力区内高速完成交接棒的重要条件。当传棒人到达起跑标志线的时候，接棒人就开始迅速起动向前奔跑；当传棒人快速追上接棒人还剩大约2米距离的时候，即接棒人的后伸手与传棒人的前伸手可以交会时，传棒人需要发出“接”的口令。传、接棒的一项非常重要的技巧就体现在传棒与接棒的时间差的运用上，当传棒人发出口令“接”时，不要急于将棒送出，待看准接棒人的手臂后伸位置之后，再将接力棒递送到接棒人手中。

（四）接棒人起跑标志的确定

标志的主要作用就是当传棒人跑到这一标志部位时接棒人开始起跑。起跑标志线的位置通常都是在接力区的30米以外，视传棒人的后程速度和接棒人的起跑速度以及传、接棒技术熟练程度而定，传、接双方可以通过反复练习，在练习中不断调整这一距离，并最终确定下来。

（五）接力棒次顺序安排

4×100米接力跑的成绩主要取决于各棒运动员的短跑速度和传、接棒技术。一般第一棒的位置应该由起跑好且善于跑弯道的运动员占据；第二棒应该选择传、接棒技术较为熟练且耐力素质较好的运动员；第三棒运动员除应具备第二棒运动员的长处之外还要善于弯道跑；第四棒应选择短跑成绩最好、冲刺能力最强的运动员。

四、跨栏跑

跨栏跑指的是在分道赛跑的同时还要依次跨越规定距离设置的栏架的赛跑形式，跨栏跑可以分为三种形式，即女子100米跨栏跑、男子110米跨栏跑和男、女400米跨栏跑。跨栏技术包括四种：第一种，起跑至第一栏技术；第二种，过栏腾空技术；第三种，栏间跑技术；第四种，终点跑技术。

（一）男子110米跨栏跑技术

1. 起跑至第一栏技术

运动员起跑至第一栏的主要任务就是快速启动，积极加速，为顺利跨过第一个栏架和建立全程跑节奏打下坚实的基础。

（1）起跑方式和上述提到的短跑一样。

（2）起跑至第一栏通常情况下是8步，起跑的时候起跨腿要在前；当然了，有一些运动员的身高较高，其可能只需要7步就可以到达第一栏位置。

(3) 起跑后进行加速跑的时候，两臂需要协调一致，两腿要注意积极蹬摆，后蹬角度通常比短跑的后蹬角度要略大，身体重心较高，躯干抬起较早，跑到第6步时的身体姿势几乎已经接近短跑的途中跑姿势，做好跨栏的准备。

(4) 起跑后各步步长逐渐增大，栏前最后两步的步长更是加大，最后一步靠加快速度和起跨腿积极着地而较前一步缩短10～20厘米，准确踏上起跨点，加快起跨腿的速度。

2. 过栏腾空技术

过栏腾空技术主要包括三个方面，即起跨、腾空过栏和着地。

(1) 起跨。起跨的时候速度一定要快，提前形成良好的攻栏姿势。起跨的技术要领为重心高、髋前移、腰挺直、身体向前倾。

起跨前，应该保持较高的跑步速度和较高的身体重心。栏前的最后一步一般比前一步要短，起跨腿应该积极着地，摆动腿折叠前摆。

起跨时，起跨腿在后蹬的时候一定要迅速有力，蹬地结束瞬间，起跨腿的髋、膝、踝三个关节一定要充分伸展，并与躯干、头基本成一条直线。

摆动腿在身体后形成折叠，足跟靠近臀部，以髋为轴，大腿带动小腿积极向前摆至膝，超过腰部高度。

在两腿蹬摆配合完成起跨动作的过程中，上部身体应该加大前倾的幅度，摆动腿异侧臂屈肘向前上方摆出，肘关节的高度与肩齐平，另一臂屈肘摆至体侧，整个身体集中向前用力，平衡舒展，起跨结束的时候也需要形成一个良好的攻栏姿势。

(2) 腾空过栏。要求运动员尽可能地缩短腾空的时间，以减小速度损失。腾空过栏的技术要领为摆动腿异侧臂前伸，身体稍微前倾，起跨腿屈膝外展，膝高于踝，向前提拉，摆动腿积极直腿下压。

起跨腿前脚掌内侧着地起跨，过栏后摆动腿快速主动地向下压，以减少在栏上的滞留时间，着地的时候要用前脚掌支撑地面。

起跨腿蹬离地面后，摆动大腿，继续向前上方摆动，膝关节超过栏板高度时，小腿迅速向前摆，脚背顺势勾起。

在摆动腿向前摆动的同时，异侧臂和肩也向栏板上方伸展，使肘超过膝，异侧臂与摆动腿基本平行。

同侧臂向后摆，上体加大前倾幅度，躯干与摆动腿之间形成锐角，目视前方。

起跨腿蹬离地面之后，迅速抬起折叠，踝关节勾脚，脚趾向上翘起；过栏时大小腿折叠到几乎和地面平行的程度，过栏后膝关节领先积极向前上方提拉，并准备积极着地。

(3) 着地。着地时要求主动、快速地过渡到栏间跑。着地的技术要领为下压快、着地稳、提拉快、幅度大。

用前脚掌后扒着地，落地腿撑地伸直，身体重心处于较高位置。

起跨腿提拉至身体的正前方，大腿向上抬起并积极跑出第一步。

3. 栏间跑技术

栏间跑技术实际上就是指栏间三步跑技术。栏间跑技术与短跑基本等同，栏间跑技术的主要任务是尽可能地加快栏间跑节奏，准确地运用栏间距离提高跑步速度，为顺利跨过下一个栏架创造前提条件。栏间跑技术的要领为高重心、快频率、稳节奏。

(1) 栏间跑要保持高重心跑，尽量减少身体重心上下起伏。

（2）用前脚掌着地。

（3）每个栏间的步长稳定，步频加快。

4. 终点跑技术

终点跑指的就是从跨过第 10 个栏架后跑到终点。这一阶段的主要任务就是顺利完成跨跑衔接。在跨下最后一个栏架时，注意保持身体重心的平稳，摆动腿积极下压，近点下栏，起跨腿不要过于向前，增强摆臂力度，采取高重心大步幅快速跑进的方式，临近终点的时候，上体急速前压，上体躯干撞线。

（二）不同距离跨栏跑技术

1. 女子 100 米跨栏跑技术

女子 100 米跨栏跑实际上和男子 110 米跨栏跑在动作结构上基本相同。

（1）起跨点与栏架的距离通常会比较近，一般都为 1.9～2.1 米，摆动腿几乎贴近栏板上沿过栏。

（2）躯干在上栏时不做明显的前倾和下压动作，过栏身体重心运行轨迹起伏较小，跨栏步的步长为一般都为 3.0～3.1 米，下栏时着地点距栏架短距离通常为 1.0～1.2 米。

（3）起跨腿提拉的幅度和高度较小，摆动腿压栏动作需要迅速而短暂，摆动腿的异侧摆臂前伸角度小，两腿分腿角度大，剪绞的速度快。

（4）栏间跑和冲刺跑时身体重心波动的幅度较小，摆臂动作与跨跑之间衔接的也较为紧密。

2. 400 米跨栏跑技术

男、女 400 米跨栏跑技术和男子 110 米跨栏跑技术比较起来没有实质上的差异，但由于栏架高度不同，栏间距离较长而且有些栏架设立在弯道上，所以在动作形式、动作幅度、用力程度、动作细节上还是有一定的差别的。

（1）女子过栏技术。由于栏架较低，起跨的后蹬力量、上体前倾角度、摆臂幅度和跨腿的提拉速度和其他的项目比起来都比较小，跑跨较为连贯，过栏技术实际上与跑栏技术相近。

（2）弯道过栏技术。男、女 400 米跨栏跑弯道上一般有 5 个栏架，在做跨弯道栏动作时，过栏技术要适当地做出改变，对起跨腿的选择也有一定的要求，一般右腿起跨可以利用向心力顺利过栏而不致失去平衡，比左腿起跨有利，但需要注意的是，过栏时不要出现犯规现象。

第三节 田径运动的基本技术

田赛项目一般包括跳跃和投掷两种，下面对跳跃项目和投掷项目中的重点运动项目进行介绍。跳跃项目主要有跳高、跳远、三级跳远；投掷类的项目主要有铅球和标枪。

一、跳高

现代跳高运动中比较常见的技术就是跨越式和背越式两种。但是不管采取的是哪一种跳高技术，都包括助跑、起跳、过杆、落地四个重要阶段。

（一）助跑

（1）助跑时的起动方式主要有两种：一种是原地起动；另一种就是行进间起动。

（2）在弧线上助跑的时候必须要始终保持身体的内倾，外侧肩稍高于内侧肩。

（3）助跑的最后几步身体重心一定要平稳，同时注意加快步频。

（4）倒数第二步时摆动腿积极着地支撑，最后一步时身体要注意保持内倾的姿势，然后沿弧线积极迈步准备起跳。

（二）起跳

（1）起跳脚用脚跟外侧先着地，然后迅速滚动至全脚掌，同时运动员要建立其积极的起跳意识。

（2）摆动腿蹬离地面后迅速屈膝折叠向前上方及内侧摆动。

（3）起跳腿着地缓冲后积极蹬伸，同时快速摆腿、摆臂、提肩和拔腰。

（4）起跳结束之后，肩、髋、膝和踝关节要进行充分的伸展。

（三）过杆

这里以背越式过杆作为例子进行说明。

（1）起跳腿蹬离地面后身体自然伸展，两腿自然下垂。

（2）身体过杆时依次下肩、展体、挺髋。双臂在成功过杆后应立即下放或收于体侧。

（3）臀部过杆后需要依次做屈髋、抬大腿、上踢小腿的动作。

（四）落地

（1）身体过杆后要及时地做低头动作，同时做屈髋、伸膝动作。

（2）以肩背部先着垫，避免两臂先着垫。

（3）着垫后，两膝、两腿适当分开。

二、跳远

跳远是一个速度力量型的运动项目，一般由助跑、起跳、腾空和落地四个部分组成。运动员在通过助跑获得一定的速度基础上，在起跳前应尽可能保持最高速度的情况下，通过快速有力的起跳，从而获得最远的抛射距离。

（一）助跑

1. 助跑方法

常见的助跑方法主要有两种：一种是原地起动助跑；另一种就是行进间助跑。

（1）原地起动助跑。这种助跑方式的助跑步幅通常会比较稳定，速度变化也较小，有利于保证助跑的准确性。

（2）行进间助跑。这种助跑方法有着自然放松的显著优势；但这种方式也有缺点，即助跑的速度较难控制，踏板的准确性也不好掌握。

2. 助跑方式

助跑方式通常也有两种，即平稳加速方式和积极加速方式。

（1）平稳加速方式。刚开始阶段其步频会比较慢，然后在逐渐加大步长或保持步长的基础上提高步频。加速过程均匀、平稳，助跑动作轻松、自然，但加速所用的时间较长。

（2）积极加速方式。步频始终保持在较高的水平，能够较早摆脱静止状态并获得较高的助跑速度，刚开始的几步步长较短，步频较快，上体前倾幅度较大，通常适合于绝对速度比较快的运动员。

3. 助跑距离

助跑距离和运动员自身的跑动能力有关。通常情况下，男子助跑的距离为 35 ~ 45 米，跑 18 ~ 24 步；女子助跑距离为 30 ~ 40 米，跑 16 ~ 22 步。在助跑的最后 6 步左右应该设立第二标志，以校验助跑步点的准确性和保证上板最后几步的助跑节奏。

最后几步助跑技术：在步长相对稳定的情况下加快步频；最后几步的步长要将运动员的优势充分地发挥出来；身体重心适度下降，为起跳做好充分的准备。

（二）起跳

起跳是跳远技术中一个非常重要的环节，起跳的主要任务就在于充分利用助跑取得的水平速度，创造出必要的垂直速度，从而获得最大限度的腾起初始速度和最为适宜的腾起角度。起跳通常可以分为三个阶段，即起跳脚着地、缓冲和蹬伸。

1. 起跳脚着地

起跳的前一步，起跳腿的大腿在前摆的时候要低一些；起跳脚积极下落着板，起跳腿几乎伸直。脚掌与脚跟几乎同时接触起跳板；起跳脚着板前，摆动腿已开始折叠并迅速前摆跟上起跳腿。

2. 缓冲

起跳脚着地至膝关节弯曲程度最大时这一阶段就是缓冲阶段。缓冲时，膝关节弯曲角度要适宜，一般成 135° ~ 145°；起跳腿弯曲缓冲时，摆动腿继续积极折叠前摆，并带动髋部迅速向前移动。

3. 蹬伸

蹬伸阶段开始于起跳腿膝关节最大弯曲时，至起跳腿蹬离地面瞬间为止。蹬伸时起跳腿的髋、膝、踝三个关节部位充分蹬直，躯干和头部需要保持正直；蹬伸动作结束时，摆动腿大的腿接近抬平，小腿自然下垂，两臂摆至体侧上方。

（三）腾空

跳远腾空阶段的任务是维持身体平衡，为顺利完成落地动作创造有利的条件。起跳腾空后，运动员要保持起跳离地时的跨步姿势，向前上方腾起。腾空以后的空中动作姿势较为多样，主要有挺身式、蹲踞式、走步式等。

1. 挺身式

挺身式可以帮助运动员在空中充分拉长整个身体，加大身体前旋的半径，减慢身体前旋的角速度。

（1）完成腾空步后，展髋放下摆动腿，起跳腿屈膝前带向摆动腿靠拢。

（2）刚开始时，两臂一前一后，但是当摆动腿继续向后运动时，两臂需要外展，同时挺胸送髋使躯干微成反弓形。

（3）落地前，两臂由上经体前、体侧向后引，收腹并举腿，两腿向前伸。

2. 蹲踞式

起跳成腾空步（起跳结束时，身体姿势在空中的延续）之后，上体保持正直，摆动腿继续向上摆动，起跳腿顺势屈膝前摆，逐渐与摆动腿相靠近，使两腿屈膝在空中呈蹲踞姿势，然后收腹举腿，将小腿前伸，两臂由后向前摆动，使身体重心前移，然后顺势落地。

3. 走步式

走步式姿势有利于助跑起跳、蹬伸和摆动各部分技术动作的紧密连接，使各个动作之间衔接连贯。

（1）起跳之后摆动腿，使腿以髋为轴下放后摆，同时起跳腿进行屈膝前摆，在空中完成换步。

（2）落地之前，摆动腿继续做前摆动作，并向起跳腿靠拢，完成落地的准备姿势。

（3）落地时，双腿向前伸。

（4）两臂大幅度环绕动作的形式与下肢走步动作协调配合。

（四）落地

跳远落地的主要任务就是在保持身体不向后倒的前提下，尽量获得较大的落地距离。落地时两腿伸直，脚尖勾起，两臂保持在体后；着地之后，屈膝缓冲，髋关节再快速向前移动。

三、三级跳远

三级跳远通常由六个环节构成，即助跑、第一跳、第二跳、第三跳、腾空和落地，腾空与落地这两个环节与跳远基本相同，因此下面重点对助跑、第一跳、第二跳和第三跳进行介绍。

（一）助跑

三级跳远的助跑方式与跳远的助跑方式基本相同，只是在距离和节奏上会有一些不同。优秀的运动员在做三级跳远运动时，其助跑距离一般在 35～40 米之间（跑 18～23 步）。需要注意的是，在最后的 3～6 步应该适当减小步长，加快步频，从而为起跳做好准备。

（二）第一跳（单足跳）

助跑到了最后一步的时候，摆动腿要积极有力地蹬地，然后积极而快速地踏上起跳板，起跳腿向前迈时应该稍微低一些。上体保持垂直或适当前倾，起跳脚着地点离身体重心在地面的投影点较近。

起跳脚着地之后，关节弯曲缓冲，随着身体前移，上体和骨盆应快速前移，摆动腿的大小腿在折叠的同时积极向前摆动，起跳腿及时进行快速蹬伸动作，摆动腿和两臂于前上方做大幅度摆动。起跳角度一般为 62°，身体重心的腾起角度一般为 17°。

起跳结束之后，在保持一段“腾空步”后摆动腿开始逐渐向下、向后摆动，同时起跳腿屈膝，大腿、小腿收紧，脚跟贴近臀部，积极前摆。接着摆动腿向后摆动，起跳腿向前高抬起，小腿做自然下垂动作，从而完成换步动作。单足跳的起跳应将助跑和腾空阶段紧密地联系在一起，跳跃的抛物线轨迹应尽量低而且平缓。

（三）第二跳（跨步跳）

第二跳的起跳实际上就是从第一跳腾空之后开始的。在第一跳腾空的后 1/3 阶段，运动员的身体开始慢慢降落。着地的时候，髋、膝、踝部肌肉要保持紧张，使着地动作富有弹性，身体重心保持在较高的位置，身体要尽量保持正直，通常优秀的运动员的着地角都为68°左右。

起跳腿着地后要及时做屈膝和屈踝动作，进行适当的缓冲，以使身体快速前移。当身体重心接近支撑点上方时，摆动腿和两臂快速有力地向前上方摆动，身体向上伸展，起跳腿进行快速有力的蹬伸动作。在蹬离地面的瞬间，起跳腿的髋、膝、踝三个部位的关节应该充分伸直。第二跳的起跳角比第一跳要小，优秀运动员的起跳角通常为60°，腾空的高度也相对较低，通常腾起的角度为14°。

（四）第三跳（跳跃）

经过前两跳之后，运动员的水平速度已经有了明显的下降，所以在第三跳中要充分利用剩余的水平速度，尽可能提高垂直速度，从而获得一个较高、较远的腾空轨迹，并最终获得最大的远度。第三跳的着地角要比前两跳小，大约是66°，这有利于运动员获得较大的垂直速度。

起跳时要伸髋、伸背，上体保持正直。在起跳结束的瞬间，起跳腿的髋、膝、踝三个部位的关节需要充分蹬直，摆动腿和两臂要高摆，以增加身体重心向上移动的距离。第三跳的起跳角和腾起角都比前两跳要大一些，分别为63°和18°，起跳的角度与单足跳和跨步跳相比应该相对大一些，两臂前上摆动，摆动腿的膝部向前高抬至少成90°。

四、铅球

铅球的技术要领是单手持铅球放置在肩上锁骨窝的位置，站在直径为2.135米的圆圈内靠近后沿处，经过滑步或旋转动作后，单手将铅球从肩上推出，从而使铅球落在规定的投掷区域内。

（一）握持铅球

手掌五指自然分开，把铅球放在食指、中指及无名指的指根上，用大拇指和小拇指支撑在铅球的两侧，然后将铅球放在锁骨窝的位置，紧贴颈部，右臂屈肘，掌心向前，上臂与肩齐平或者比肩稍微低一些。

（二）滑步前的预备姿势

滑步前的预备姿势通常情况下有两种，即高姿势和低姿势。

1. 高姿势

运动员手持铅球，背对投掷方向站立，右脚尖靠近投掷圈的内沿，左腿自然弯曲，脚尖点地，上体正直放松，左臂自然上举，身体重心较高，落在右腿上。

2. 低姿势

运动员手持铅球，背对投掷方向站立，右脚尖靠近投掷圈的内沿，左臂自然下垂，双腿弯曲，身体重心较低，落在右腿上。

（三）滑步

（1）用于支撑的腿自然弯曲，摆动腿做积极预摆的动作，躯干与腿部保持90°，腰背收紧。

（2）用单腿支撑的时候，注意保持身体的平衡。

(3) 左腿积极发力后摆时，重心从右脚前脚掌移到后脚跟，同时右腿快速蹬伸用力，身体扭紧。

(4) 滑步中，蹬摆左腿，再蹬伸右腿，注意用合适的力量和速度做蹬伸动作，同时还要注意用力顺序，蹬摆的同时注意双肩正对投掷圈的后部。

(5) 右腿在蹬伸的过程中积极落地，右脚先着地，左脚再着地，右脚大概落在投掷圈的中间位置。

(四) 最后用力

(1) 右腿快速地转蹬身体，右手保持好持球的姿势，充分打开胸部。

(2) 左腿有力支撑，并顶起身体，身体成侧弓形，身体肌肉处于紧张发力状态。

(3) 腿与躯干快速蹬伸，注意发力顺序，肩与头不要过早转动。

(4) 出手时，手腕稍微弯曲然后向外拨铅球，注意出手的高度。

(五) 维持平衡

(1) 铅球出手后，双脚的位置要同时交换。

(2) 降低身体重心，以缓解向前的冲力。

五、标枪

按照投掷顺序，掷标枪可分为多个不同的阶段，比如握枪、持枪、助跑、最后用力、维持身体平衡等，下面均以右手投掷作为例子进行讲解。

(一) 握枪

标枪的握法主要有两种：普通式握法和现代式握法。握枪方法的选择可以以器械的特点、投掷方法和个人特点为依据，但是不管使用哪种握法，都需要符合下面几点技术要求。

首先，握枪应该有利于助跑与投掷，便于控制器械。

其次，握枪应该有利于充分利用投掷臂的长度，发挥出手腕和手指的力量。

最后，握枪应该有利于肩、臂、手腕和手指等参与运动部位得到适当的放松。

(二) 持枪

运动员在做持枪动作时，大部分都会选择采用肩上持枪的方法，也就是说将枪持于头的侧上方，枪尖略低于枪尾或者与枪尾平行，枪尖位于两眼平视的前方。

(三) 助跑

1. 预助跑

预助跑指的就是从第一标志线开始到第二标志线停止的这一段距离，其主要目的是使人和器械都获得一定的初速度，助跑距离一般为 10 ~ 20 米。预助跑时，应保持一定的直线性，前脚掌着地富有弹性，动作放松自然并逐步加速。持枪的手臂随助跑前后自然摆动，非持枪的手在体侧摆动，助跑速度一般为最大速度的 80%。

2. 投掷步

投掷步的主要目的是在保持和加快跑速的情况下完成引枪和超越器械的动作，为最后用力创造有利条件。

(1) 通常情况下，投掷步都为 5 步，优秀的运动员可能是 7 步。

（2）左脚踏入第二标志线后，向前两步引枪，引枪时上体右转侧对投掷方向，注意上下肢要协调配合。

（3）获得一定的加速度之后，运动员开始做交叉步动作，两腿积极有力地向前摆蹬，以便身体获得更大的超越，同时上体扭紧，投掷臂充分后伸，形成最有力的超越器械动作。

（4）腾空阶段，运动员应积极有力地摆蹬腿，完成空中剪绞动作。

（5）投掷步最后一步的时候，右脚跟先着地，并迅速过渡到前脚掌，为最后用力做好准备。

（四）最后用力

助跑和最后用力是整个技术最为重要的两个部分，也是两个最为主要的部分，掷标枪的难点就在于将二者紧密地衔接起来。

（1）左腿积极稳固地支撑，使下肢的动能迅速向上传。

（2）右腿蹬转送髋，上体迅速转向投掷的方向，胸部充分拉紧，投掷臂向上翻转，形成满弓。

（3）躯干迅速向前用力，上体向前加速，形成爆发式用力过程。

（4）大臂带动小臂做鞭打动作，保持合理的出手角度（29°~36°）。

（五）维持身体平衡

出手后应及时制动，再向前迈1~2步，身体顺势左转，防止犯规，同时要注意降低身体的重心，以维持身体平衡。

第四节　田径运动的比赛规则

一、径赛运动的比赛规则

（一）跨栏

比赛中，不同距离的跨栏对比情况见表3-2。

表3-2　不同距离的跨栏对比

<table>
<tr><th>性别</th><th>项目</th><th>栏间距离/米</th><th>起点到第一栏距离/米</th><th>最后一栏到终点距离/米</th><th>栏高/米</th><th>栏数/个</th></tr>
<tr><td rowspan="2">男</td><td>110米跨栏跑</td><td>9.14</td><td>13.72</td><td>14.02</td><td>1.067</td><td rowspan="4">10</td></tr>
<tr><td rowspan="2">400米跨栏跑</td><td rowspan="2">35</td><td rowspan="2">45</td><td rowspan="2">40</td><td>0.914</td></tr>
<tr><td rowspan="2">女</td><td>0.762</td></tr>
<tr><td>100米跨栏跑</td><td>8.5</td><td>13</td><td>10.50</td><td>0.84</td></tr>
</table>

（二）起跑规则

首先，400米及以下距离（包括4×400米接力跑的第一棒）的起跑应该使用规定的起跑器，并且采用蹲踞式的起跑方式。其他的项目不需要用起跑器，采用站立式起跑的方式。

其次，蹲踞式起跑：各就位→预备→鸣枪；站立式起跑：各就位→鸣枪。

最后，在“各就位”或“预备”的口令发出之后，所有运动员都应该立即做好最后的预备姿势。如果发令员对运动员“各就位”后准备起跑的过程不满意的话，那么就应该命令所有的运动员撤回。运动员有下列行为的，发令员也应该及时终止起跑：第一，当运动员听到“各就位”或“预备”命令之后，在发令枪发出信号之前抢跑，导致起跑失败的；第二，没有执行“各就位”或“预备”口令，或未能在有效时间内做好最后起跑动作的；第三，下达“各就位”或“预备”口令之后，运动员用声音或其他方式干扰比赛中的其他运动员的。

（三）跑道规则

（1）400 米及 400 米以下各项径赛，每一位运动员都应该各占 1 条跑道。

（2）400 米以上距离不需要区分跑道。

（3）4×100 米接力跑，每队占一条跑道；4×400 米接力跑在规定的地方才可以抢入内道。

（4）所有的不分道跑（或部分赛段不分道跑）比赛中，当运动员在弯道外侧跑道上或在障碍赛中变更道的弧线上跑进时，不能踏在或跑在突沿线或实际分道线上或内侧。

（5）如果相关裁判长确认了裁判员、检查员或其他人员关于某运动员跑出了自己分道的报告，那么就应该取消该运动员的比赛资格。

（6）不应被取消比赛资格的情况：第一，被他人推、挤或被迫踏出或跑出自己的跑道，或踏在实际分界线上或突沿线内侧；第二，在直道上踏在分道线上或跑出自己的跑道，或在弯道上踏在或跑出跑道的外侧分道线；第三，运动员在跑进的过程中未从中获得实际利益，并且未挤撞或阻挡其他运动员。

（7）自愿离开跑道的运动员不得继续参加比赛，记为中途退出。

（四）终点规则

（1）终点线需要用 50 毫米宽的白线标出。

（2）判定运动员的终点名次，应以其躯干的任何一个部位抵达终点线后沿垂直面的顺序为准。

（五）接力跑规则

（1）应该在跑道上画出宽为 50 毫米的横线，作用是标明各段之间的距离和接力区中心线。

（2）每个接力区的长度应该设为 20 米，设在中心线前后各 10 米的位置。接力区的开始和结束都从接力区分界线的跑进方向后沿算起。

（3）做标志：当接力的全程或第一棒为分道跑的时候，运动员可以在自己的分道内用胶布做一个标志，颜色需要和跑道明显区分开。

（4）接力棒为光滑的空心圆管，由整段木料、金属或其他适宜的坚固材料制成，长度为 0.28~0.30 米，外部直径为（40±2）毫米，质量至少为 50 克。接力棒应该选择彩色的，目的是使其在比赛中明显可见。

（5）如果中途发生了掉棒现象，需要由掉棒运动员自行捡起。允许掉棒运动员离开自己的分道捡棒，但不得通过捡棒来缩短比赛距离。此外，接力棒掉在跑道两侧或跑进方向时（包括终点线后），掉棒运动员在捡回接力棒之后，必须回到他上次手持棒的位置继续跑进。按照上述程序进行比赛，且并未侵犯其他运动员的，不得因此取消比赛资格。

（6）所有接力跑，接力棒都必须在接力区内完成交接。仅以接力棒的位置决定是否在接力区内完成接力。

（7）运动员在交接棒之后，应留在各自分道或接棒区内，直到跑道畅通。

（8）如果运动员在比赛中接取或捡起另一支队伍的接力棒，他所在的队伍就应该被取消比赛资格。相关接力队不应被判罚，除非在此过程中获利。

（9）接力队的每位成员只能参加接力比赛的其中一棒，每队只允许有两名替补队员参加比赛。

（10）队员组成和各棒顺序应在每一轮第一组的第一次检录前至少 1 小时正式申报，必须经核实才能变动。

（11）4×100 米接力跑在比赛的整个过程中都要区分赛道。

（12）4×400 米比赛可以使用以下任何一种方式：第一，第一棒是分道跑，第二棒分道跑至抢道线后，运动员可离开自己的跑道（3 个弯道为分道跑）；第二，第一棒分道跑至抢道线近端，运动员可离开自己的跑道（1 个弯道为分道跑）。

二、田赛运动的比赛规则

（一）跳高

首先，在比赛开始之前，主裁判应该向全体运动员宣布起跳高度和每轮次横杆递增高度，一直到只剩下一名获胜的运动员或两位运动员并列第一名。

其次，运动员可以在主裁判宣布的任何一个高度上进行试跳，也可以在以后任何一个高度上试跳。如果连续三次试跳都失败，那么该运动员将失去比赛资格。允许运动员在某一高度上进行第一次或第二次试跳失败后请求免跳，并在后续的高度上继续试跳。一旦运动员在某一高度上请求了免跳，那么就不再允许其在该高度上恢复试跳。

最后，除非比赛中只剩下一名运动员，并且他已获得该项目比赛的冠军，否则规则如下：

（1）跳高项目每轮次结束之后，横杆升高不得少于 2 厘米。

（2）当某运动员已经在比赛中获得胜利时，裁判员或裁判长应该征求该运动员的意见，由该运动员决定横杆的提升高度。

（3）所有高度项目的测量都应该以厘米为单位，从地面垂直量至横杆上沿的最低点处。

（4）每次横杆被升高之后，在运动员试跳之前，均应该测量横杆的高度。

（5）横杆（除两端外）的横截面呈圆形。跳高横杆全长为（4.00±0.02）米，最大质量应该不超过 2 千克。

（6）运动员必须用单脚起跳。

（7）出现下列情况之一者，应判为试跳失败：

1）试跳之后，由于运动员的试跳动作使得横杆掉落。

2）在越过横杆之前，运动员身体的任何部位触及横杆后沿（靠近助跑道）垂直面以前的（在两个立柱之间或之外的）地面或落地区。如果运动员在试跳过程中脚触及了落地区，但是裁判员并不认为该运动员从中获得了利益，那么就不应该以此为理由判该次试跳失败。

3）试跳时，运动员有意用手或手指把即将从横杆托上掉下的横杆放回。

（二）跳远、三级跳远

（1）起跳线距离落地区远端应该至少为10米。

（2）起跳线距离落地区近端应该至少为1～3米。

（3）助跑道长度从起跳线到助跑道尽头应该至少为40米。如果条件允许的话就应该为45米。助跑道宽度为（1.22±0.01）米，并且用50毫米宽的白线标出，方便辨认。

（4）将起跳板涂成白色，应该将起跳板水平埋入地下，与助跑道地面及落地区地面齐平。

（5）每次有效试跳后应该立即测量出成绩。测量成绩的时候，应从运动员身体任何部位（任何附着于身体上的物品）在落地区内的最近触地点一直量到起跳线或起跳线的延长线位置。在测量的时候，测量线应该和起跳线或其延长线垂直。

（6）在所有跳远项目中，记录测量距离的最小单位应该是0.01米，不足0.01米的则不需要计入。

（7）有以下情况者应该被判试跳失败：

1）在起跳过程中，无论是助跑后未起跳还是仅做跳跃动作，运动员身体的任何部位触及起跳线之前的地面。

2）从起跳板两端之外起跳，无论是否超过起跳线的延长线。

3）在助跑或跳跃中采用了空翻姿势。

4）起跳后，在第一次接触落地区前接触了助跑道、助跑道外的地面或落地区外的地面。

5）在落地过程中触及落地区边沿或落地区以外地面，而落地区外的触地点较落地区内的最近触地点更靠近起跳线。

（8）有以下情况者不应该被判试跳失败：

1）运动员在任意位置跑出助跑道的白色标志线。

2）运动员在抵达起跳板之前就开始起跳。

3）运动员的脚或鞋的一部分触及起跳板任何一端以外、起跳线之前的地面。

4）运动员在跳跃中，如果摆动腿触及地面则不应该视其为试跳失败。

（三）铅球

运动员只能用单手从肩部将铅球推出。当进入圈内开始试掷时，运动员要将铅球抵住或靠近颈部或下颌，在推球过程中，持球手不得低于铅球所抵住的部位，也不得将铅球置于肩轴线后方。

（四）标枪

掷标枪时应该使用单手握住枪的把手处，然后从肩部或投掷臂上臂的上方掷出，不得抛甩，不得采用非传统姿势进行投掷。只有标枪的金属枪头先于标枪的其他部位触地，试掷才是有效的。运动员在试掷的时候，在标枪出手之前，其身体不得完全转向，背对投掷弧。

如果标枪在试掷或在空中飞行时不小心折断了，只要该次试掷符合规则，那么也不应该被判试掷失败；如果运动员因此失去平衡而违反了规则的任何条款，也不应判试掷失败。出现了以上两种情况的时候应该允许运动员重新试掷。

第四章　足 球 运 动

足球运动是一项对抗较为激烈的运动，富有战斗性。足球运动不仅要求参与者具有强壮的体魄，同时还要有较强的团队配合作战意识，足球以其较强的趣味性深受人们的喜爱。

第一节　足球运动概述

我国是足球运动的发源地。早在我国古代时期就有了足球，只是那个时候称足球为“蹴鞠”。现代足球运动则诞生于英国，在英国的带动与传播下，足球运动开始慢慢地走向世界各国。目前，足球运动已经成为“世界第一运动”。

一、足球运动起源与发展

根据我国史料记载，我国在古代时期就已经开始开展足球运动，从时间上来说要早于世界其他任何国家。20 世纪初，国际足球联合会在法国巴黎成立，这标志着足球作为一项世界性的体育项目登上了国际体坛，足球运动逐渐作为一项表演项目登上了世界舞台并出现在第一届奥运会上，直到第四届奥运会，足球运动正式成为一项奥运会比赛项目。

二、足球运动的特点与作用

足球运动是一项以脚支配球为主的运动项目，具有非凡的影响力。经常参加足球运动有助于塑造健康的体魄，培养良好的品德；足球运动还有助于增强民族凝聚力，增进世界各国之间的交往。

三、足球运动的主要赛事

足球运动主要赛事有世界杯足球赛、奥运会足球赛、国际足联联合会杯、世界女子足球世界杯。

第二节　足球运动的基本技术

足球运动的技术大致可以分为两种：一种是有球技术；另一种就是无球技术，无球技术主要指的是未结合球的各种移动，本节主要对有球技术进行详细介绍。

一、踢球技术

踢球指的就是足球队员有目的地用脚将球踢向预定的目标。踢球技术在足球技术中占据十分重要的位置，下面详细介绍踢球技术动作、常见的踢定位球技术以及其他性质球踢球要点。

（一）踢球技术动作

踢球的方法有很多，不同的方法也有不同的动作要领，但是不管是哪一种踢球方法，其都是由助跑、支撑脚站位、踢球腿的摆动、脚触球和踢球后的随前动作五个环节组成。在这五个环节中，脚触球是最重要的一个环节。

（二）常见的踢定位球技术

（1）脚内侧踢定位球。如图4-1所示，足球运动员直线助跑，支撑脚站在球的侧面一拳左右的位置，脚尖正对着出球的方向，支撑腿膝关节需要微屈。在支撑脚着地时，踢球腿大腿带动小腿由后向前摆动，大腿外展，在触球前将脚跟顺势送出，使得脚内侧所形成的平面与出球方向保持垂直，脚尖微微向上翘起。

图4-1 脚内侧踢定位球

（2）脚背内侧踢球。如图4-2所示，足球运动员斜线助跑，支撑脚的脚底着地，脚尖指向出球方向，在距球内侧后方约一脚距离或稍微大于一脚的距离，膝关节同样要微屈。在支撑的同时，踢球腿完成后摆，并开始以髋关节为轴，大腿带动小腿由后向前做摆动动作，当大腿摆至与支撑腿差不多在同一平面时，小腿开始做爆发式摆动，用脚背内侧触击球。

图4-2 脚背内侧踢球

（3）脚背正面踢定位球。如图4-3所示，足球运动员直线助跑，最后一步的步长要稍微大一些，支撑脚以脚后跟过渡到脚掌着地支撑，脚尖正对着出球方向，并和球的目标方向保持平行，膝关节微屈，踢球腿随跑动后摆动，小腿向大腿方向折叠，支撑的同时踢球腿以髋关节为轴，大腿带动小腿由后向前做摆动动作。当膝关节摆动至接近球的正上方时，小腿即刻做爆发式摆动动作，脚趾扣紧鞋底，以脚背正面击球的后中部。

（4）脚背外侧踢定位球。如图4-4所示，助跑、支撑脚站位和踢球腿摆动动作都和脚背正面踢定位球技术中的三个环节相同，用脚背外侧触球。此时要求膝关节和脚尖内转，脚背绷紧，脚趾紧屈并提膝。

图 4-3　脚背正面踢定位球

图 4-4　脚背外侧踢定位球

（三）其他性质球踢球要点

1. 空中球

在踢空中球的时候，无论用哪一个部位踢球，都需要根据球的速度来选择支撑脚的站位，把握好站位的提前量。在击球这一环节中，和踢定位球基本相同，控制好脚型，根据出球的具体要求选择一个恰当的击球点。击球点越偏下，那么球就越向上，其角度也越大；反之，则向下角度越大。

2. 旋转球

在踢旋转球的时候，关键在于把握好击球点，即通过改变作用力与球中心的角度关系，使球根据踢球者的需要发生旋转。如果击球点在球的纵轴线与水平线交叉点上，那么只需要球水平移动，不需要发生旋转；但是如果击球点靠下，就需要球向上飞出并发生一定的回旋；如击球点偏离了球的纵轴线，但在水平线上，则球水平侧旋前进；如击球点在球纵轴线的一侧且同时在水平线下方，则会出现空中的侧旋球，即弧线球或香蕉球。

二、接球技术

接球指的是足球队员有目的地用身体的合理部位将正在运行中的球接下来，并控制在所需的范围内，以便较好地衔接下一个动作。下面对接球技术动作和常见的接球技术进行详细的介绍。

（一）接球技术动作

不管球员采取了哪一种接球方法，其接球动作都是由四个环节组成：第一，观察和移动；第二，选择接球的部位和接球方法；第三，改变来球的力量；第四，随球移动。

（二）常见的接球技术

1. 脚内侧接球

脚内侧接球指的是球员用脚内侧部位接球的一种技术。在比赛中这一技术较为常用，而且其经常被用来接地滚球、反弹球、空中球等。这里以接地滚球为例，接地滚球主要可以分为两类：切挡式和缓冲式。

（1）脚内侧切挡式接地滚球。对于地滚球，比较常用的是切挡式接球。当来球力量不大时，只需将脚提到球的2/3 的高度，并使脚内侧与地面形成锐角轻触球，如图 4-5 所示，可在触球时用下切动作使球的前进之力部分转变为旋转力，最终将球接在脚下。

图 4-5 脚内侧切挡式接地滚球

（2）脚内侧缓冲式接地滚球。在球与脚内侧相接触的一瞬间迅速后撤，然后把球接在脚下，如图 4-6 所示。

图 4-6 脚内侧缓冲式接地滚球

2. 脚背外侧接球

球员在用脚背外侧接球的时候，腿摆动的方向和接球的方向相反，用来迷惑对方，使防守队员做出错误的判断，在这一过程中如果能和假动作结合起来使用，通常效果会更好。

（1）脚背外侧接地滚球。如图 4-7 所示，身体移到接球点附近，支撑腿膝关节微屈，接球腿提起屈膝，脚内翻使小腿与地面成一锐角，并对着接球后球运行的方向，脚离地面的高度大约和球的半径相等，然后用大腿带动小腿，用脚背外侧向接球后球将运行的方向推送，同时身体随着球做移动动作。

图 4-7 脚背外侧接地滚球

（2）脚背外侧接反弹球。如图4-8所示，根据来球的落点及时移动到位，支撑脚站在来球落点的侧后方，除触球部位外，其他环节均与脚背外侧接地滚球相同。

图4-8 脚背外侧接反弹球

3. 脚背正面接球

这种方法多用于接有较大抛物线的来球。

（1）提膝式。如图4-9所示，根据来球的落地点及时移动到位，用脚背正面上迎下落的球，在球与脚面接触的一瞬间，接球脚与球同步下撤，此时大腿膝关节、踝关节、脚趾都处于一种适度紧张的状态，脚尖微翘将球接到需要的地方。

图4-9 提膝式

（2）勾脚式。如图4-10所示，脚微抬起，脚背适度向上勾起，在球接触脚背的瞬间踝关节放松将球接到身体附近。

图4-10 勾脚式

4. 脚底接球

脚底接球技术对于球员来说是一项比较简单的技术，便于掌握，而且这一技术还比较容易将球接到合适位置，故常被用来接各种地滚球和反弹球。

（1）脚底接地滚球。如图 4-11 所示，身体正对来球方向，移动前迎，支撑脚站在球的后方，脚尖正对来球方向，膝关节稍微弯曲。同时接球腿微微提起，膝关节微屈，脚背上勾，使脚底与地面所成夹角，一般要小于 45°（且脚跟离开地面），一般以前脚掌接触到球的上部最为合适。在触球瞬间接球脚的前脚掌下点将球停住，也可根据需要在接球的同时将球推向前方或拉向身后。

图 4-11　脚底接地滚球

（2）脚底接反弹球。如图 4-12 所示，根据来球掉落的位置，及时前移迎球，支撑脚站在掉落位置的侧后方，脚尖正对来球方向，球落地的瞬间，用前脚掌去触球的中上部，微屈膝，用脚掌将球接在体前。若需接在身后，则应在触球瞬间继续屈膝，将球回拉，并以支撑脚前脚掌为轴转体 90°以上。

图 4-12　脚底接反弹球

5. 胸部接球

胸部是身体部位较高的一处，而且胸部的面积较大、肌肉也较为饱满，所以胸部接球实际上是一种很好的接高球的方法。胸部接球通常包括两种技术：挺胸式接球和收胸式接球。

（1）挺胸式接球。如图 4-13 所示，面对来球站立（两脚左右或前后开立），两膝微屈，重心放置在支撑面范围内，上体稍为后仰，微收下颌，两臂自然张开，维持身体平衡。接触球瞬间，两脚蹬地，膝关节伸直用胸部轻托球的下部使球微微弹起于胸前上方。对于较高的平直球也可以采用这种方法把球接到胸前，但触球瞬间膝关节需要由原来的直立变成微曲，脚由提踵状态变为全脚掌落地，整个身体保持接球时的姿势，下撤将球接在胸前。

（2）收胸式接球。这种方式大多用来接与胸齐高的平直球。如图 4-14 所示，面对来球，两脚左右或前后开立，两臂自然张开，挺胸迎球，触球瞬间收胸、收腹、臀部后移，将球接在体前。如果需要把球接在体侧的位置，则触球瞬间需要转体将球接在转体后相应

图 4-13　挺胸式接球

图 4-14　收胸式接球

的一侧。

6. 其他部位接球

除了上述提到的几种接球技术之外，接球队员还可用大腿、腹部、头部等部位接球。

三、运球技术

从狭义上来说，运球技术通常只是用来指运球的方法，也就是指用身体的某一部分触球，从而促使球能随运球者一起运动；从广义上讲，运球技术不仅包括使球随人运动，还需要突破对方的防守。

（一）运球技术动作

运球技术动作通常由三个环节组成：第一，运球方法的选择与准备；第二，跑动中间断触球；第三，为下一动作的连接做好准备。这三个环节需要紧密连接，才能取得好的运球效果。

（二）常见的运球技术

常见的运球技术主要有脚内侧运球、脚背正面运球和脚背外侧运球三种。

1. 脚内侧运球

运球前进的过程中，球员支撑脚的跑动要始终领先于球，位于球的侧方或侧前方，肩部要指向运球的方向，支撑腿的膝关节要微屈，将身体重心放在支撑腿上，另一条腿提起屈膝，用脚内侧推球前进，然后运球脚着地，如图 4-15 所示。由于肩部指向运球方向，身体侧转，虽然移动的速度比较慢，但是身体前倾可以有效地将对方与球隔开，所以这种技术多用在运球寻找配合传球时，或者有对方阻拦需要用身体做掩护时。

图 4-15 脚内侧运球

2. 脚背正面运球

运球的时候，球员的身体呈正常的跑动姿势，上体稍微前倾，步幅不能过大，运球腿提起，膝关节稍屈，髋关节前送，提踵，脚尖下指。在着地前用脚背正面部位触球后中部将球推送前进，如图 4-16 所示。由于利用脚背正面运球的时候，球员的身体呈正常跑动姿势，所以通常在速度方面有一定的优势，因而这种技术多用在运球前方一定距离内无对方阻拦的时候。

图 4-16 脚背正面运球

3. 脚背外侧运球

运球时球员的身体呈正常跑动姿势，上体稍微前倾，步幅不宜过大，运球脚提起，膝关节稍屈，髋关节前送，提踵，脚尖向内旋转，使脚背外侧正对运球方向，在运球脚落地前用脚背外侧推拨球的后中部，如图 4-17 所示。在用脚背外侧运球时，球员的身体姿势与正常跑动时的姿势基本相同，所以通常在速度方面也具有一定的优势，这种技术与脚背正面运球的使用场景相同。另外，利用脚腕的动作可以很快改变脚背外侧面正对的方向，所以在运球脚一侧改变行进方向时也大多都采用这种运球技术。这种技术可以用球员身体将对方与球有效隔开，所以在做掩护球动作时经常使用。

图 4-17 脚背外侧运球

四、抢截球技术

抢截球指的是球员在规则允许的范围内使用身体的合理部位夺过来或破坏掉对方的控球权。

（一）抢截球技术动作

抢截球技术动作通常有三个环节：第一，选位；第二，抓住时机实施抢截动作；第三，实施抢截动作后与下一动作紧密衔接。在抢截球技术动作实施的过程中，动作的衔接非常的重要。

（二）常见的抢截球技术

1. 正面跨步堵抢

如图 4-18 所示，抢球者两脚前后开立，面对运球者站立，两膝微屈，身体重心下移并置于两脚之间，当运球者与抢球者间的距离缩小到一定程度（即抢球者上前跨一大步可能触及球），运球者的脚触到球，球即将落地或刚刚落地时，抢球者立即后脚用力蹬地并跨步向前，用脚内侧去堵截来球。当已经将球堵住时，另一只脚还应该迅速上步。若抢球脚堵住球，而对方也堵住球时，则抢球者应将另一只脚迅速前移作支撑脚，抢球脚在不脱离球的情况下迅速向上提拉，使球从对方脚面滚过，身体重心也迅速跟上并将球控制好。

图 4-18　正面跨步堵抢

2. 合理冲撞抢球

如图 4-19 所示，当抢球者和运球者共同跑动追球时，抢球者重心稍微下移，靠近对方一侧的手臂紧贴身体，在对方同侧脚离地的瞬间，用肘关节以上的部位适当地冲撞对方的同样部位，使对方身体失去平衡，从而趁机控制住球。

图 4-19　合理冲撞抢球

3. 正面铲球

如图 4-20 所示，抢球移动接近控球者，膝关节微屈，重心下降，在控球者触球脚触球后尚未落地，抢球者双脚沿地面向球滑铲，随即尽快起身。

图 4-20 正面铲球

五、头顶球技术

头顶球指的是队员有目的地用前额将球击向预定目标的动作。头顶球是球员处理高空球的一个非常重要的手段。

（一）头顶球技术动作

头顶球技术动作一般由四个环节组成：第一，移动选位；第二，身体的摆动；第三，头触球；第四，触球后的身体平衡。

（二）常见的头顶球技术

1. 前额正面头顶球

这种技术是用额肌覆盖着的额骨正面部分去击球的一种动作，与球相接触的部位一般都是眉骨至发根之间的部位。这里以原地头顶球为例，身体正对着来球的方向，眼睛注视运动中的球，两脚左右开立（或前后开立），膝关节微屈，重心置于两脚间的支撑面上（或后脚上），两臂自然张开，当球运行到将垂直于地面下落时，两腿用力蹬地，迅速向前摆体，微收下颌，在触球瞬间颈部做爆发式振摆，用前额正面击球的中部，上体随球前摆，如图 4-21 所示。需要注意的是，在顶球前，身体要形成背弓。

图 4-21 前额正面头顶球

2. 前额侧面头顶球

球员需要根据来球的运行速度和运行轨迹，及时地移动到位，眼睛注视着来球，前膝微屈，两臂自然张开，当球运行至体前上方时，用力蹬地起跳，上体随之向出球方向扭摆，同时用力向击球方向甩头，以前额侧击球的后中部，如图 4-22 所示。跑动或跳起用前额侧面顶球的时候需要注意保持身体的平衡，同时注意身体的摆动，其他均与原地头顶球相同。

图 4-22 前额侧面头顶球

六、守门员技术

守门员在一个球队中扮演着非常重要的角色，是球队中不可或缺的队员之一。守门员稳妥而可靠的行动，可以提高整个球队的气势和战斗力；而且守门员及时而合理的进攻，可以大大提高进攻的威胁性和有效性。

（一）守门员防守技术

守门员的防守技术比较多，比如移步、接球、扑球、托球、拳击球等技术。其中，接球和扑球是两项非常重要、也是较为常见的防守技术，下面重点对这两项防守技术进行介绍。

1. 接球

接球主要有接地面球、接平直球和接高空球三种。

（1）接地面球。接地面球的方式较为常见的有两种：直腿式和跪撑式。直腿式指的就是球员面对来球的时候，弯腰时两膝伸直，两腿距离以球不能通过为原则。两手张开前迎将球收入怀中。跪撑式多于向两侧移步接球时，接左侧球时，左腿屈，右腿近于跪；反之亦然。其他的要求与直腿式相似，如图 4-23 所示。

图 4-23 接地面球

（2）接平直球。接平直球指的是球员接胸部高度以下的空中球。接球时球员要面对来球，两手掌心向上，五指张开，两手小指相靠，上体稍微前屈，当手触球时微撤缓冲，将球抱于胸前，如图 4-24 所示。

图 4-24 接平直球

(3) 接高空球。接高空球主要指接胸部以上高度的球，接高空球主要有两种形式：单脚接球和双脚跳起接球。接球时注意两臂上伸引球，两手大拇指相互靠近，当手与球相接触时，手指和手腕适当用力并转腕，将球收抱于胸前，如图 4-25 所示。接高空球成功的关键就在于及时到达接球点。

图 4-25 接高空球

2. 扑球

扑球是守门员在移动接球来不及的情况下采用的救球形式，它通常有三种类型，即原地扑球、鱼跃扑球、扑单刀球。

(二) 守门员进攻技术

发球是守门员组织和发动进攻的主要技术，包括两种：第一，手掷球；第二，脚踢球。

1. 手掷球

手掷球被广泛用于守门员发动进攻的过程中，手掷球最大的特点就是成功率高。优秀的守门员手掷球距离可达 40 ~ 50 米。

(1) 单手肩上掷球。动作过程如图 4-26 所示。单手肩上掷球要求充分利后腿蹬地、转体挥臂、甩腕和甩臂的力量。需要注意的是，所有的动作环节都应该串联成一体、协调一致。

图 4-26 单手肩上掷球

（2）单手低平掷球。动作过程如图 4-27 所示。单手低平掷球与肩上掷球的主要区别就在于手臂位置的不同，另外，掷球时身体重心也应该下移。

图 4-27　单手低平掷球

2. 脚踢球

这种发球常在发动进攻反击、本方争抢空中球能力较强、本方中后场进攻能力较弱以及风沙天气等特定的条件或战术形式下使用。

（1）踢凌空球。动作过程如图 4-28 所示。踢凌空球指的就是在球还未落地之前，守门员用脚背正面将球击出的一种方式。踢凌空球多用于踢远距离球，也可以在雨天、风沙天气、场地泥泞时使用。

（2）踢反弹球。动作过程如图 4-29 所示。踢反弹球是在体前低抛球，球落地反弹起来的一瞬间，守门员立刻将球踢出。踢反弹球比踢凌空球的准确度还要高，并且方便队友接球。

图 4-28　踢凌空球

图 4-29　踢反弹球

第三节　足球运动的基本战术

足球运动的战术是在足球比赛中为了战胜对方，根据主客观的实际情况采取的个人与整体的配合手段。足球运动的战术根据实施人数的多少，可以划分为个人战术、小组战术和整体战术。本方获得控球权即为进攻，反之则为防守，所以足球运动的战术又可以划分为进攻战术和防守战术。

一、个人战术

个人战术又可以细分为两种战术：个人进攻战术与个人防守战术。

（一）个人进攻战术

（1）接控球。接控球是现代足球比赛中经常使用的一种具有极强攻击性的战术。它是争夺控球权、确保比赛优势、突破对方防线和获得射门机会的重要手段。

（2）传球。传球在足球比赛中也是一项非常重要的手段，它通常用于组织进攻、变化战术、深度突破、创造射门机会等，是比赛中较为常用的一项战术。

（3）运球和过人。通常情况下，运球和过人不仅是维持控球权的重要手段，同时也是破坏对方密集防守，为己方创造得分机会的有力武器。

（4）射门。射门是比赛胜负的一项非常关键的因素，常见的射门方式主要有五种：直接射、运射、接趟射、过人射和直接任意球射门。

（5）接应。接应主要是利用已有的空间，为持球队员传球给自己所做的跑动。接应具有多种作用，包括进攻作用和防守作用。在接应跑时，应把握好距离、角度、呼应等。

（6）跑位。跑位是创造空间的有效手段，可以调动对方的防守位置，扩大传球角度与范围。跑位是创造和利用空间的过程，需要队员高度配合，对配合意识要求较高；与此同时，跑位需要宽广的视野和突然性的起动，在跑位时必须有随时接球的准备。

（二）个人防守战术

（1）防守姿势与位置。当运动员采用防守姿势的时候，就像要猛扑出去一样。因为没有控制球，所以不用担心球的控制问题，这样一来就可以把注意力完全集中在身体的动作上。运动员应当下蹲一些，将身体重心尽量下移，以便突然出击。身体重心要在脚掌、脚趾上，使自己能够快速移动。

（2）断球。断球是抢截球技术在实战中的具体运用，是通过观察与判断对方传球，在对方传球路线上把控球权转换为己方的过程。

（3）抢球。抢球也是抢截球技术在实战中的具体运用，抢球指的是通过一些战术行为，把对方脚下的球抢下来的过程。抢球可以分为三种：正面抢、侧面抢和背身抢。

（4）紧逼。紧逼是防守队员几乎能接触到进攻队员，并且能够运用一个动作就可以直接阻碍进攻队员处理球的防守方法。

（5）封堵。当持球者有空当可以传球或做出传球动作时，防守者无法把球断下，这个时候就可以采用封堵的战术以阻止对方传球。

（6）保护。保护指位于抢球队员身后的队员通过合理的站位为抢球队员提供直接增援。保护的技巧通常包含三大要素，即距离、角度和呼应。

（7）补位。补位指原位置队员由于各种原因没有出现在自己的战术位置，或被对方运球过人后，其他临近队员快速到此区域进行防守的战术。

二、小组战术

（一）小组进攻战术

1. 二人进攻配合

比赛中经常会使用到的二人进攻配合方法主要有二人传切配合、二人踢墙式配合、二人交叉掩护配合、二人回传反切配合。

（1）二人传切配合。二人传切配合指的是两名进攻队员通过一传、一切配合越过一名或几名防守队员的一种配合方法，其可以分为两种：斜传直插和直传斜插。在具体的配合过程中，两名进攻队员要保持适当的距离。控球队员可采取运球或其他动作，诱使防守者上前阻截，插入的队员必须突然、快速起动，但应该尽量避免越位。

（2）二人踢墙式配合。二人踢墙式配合指的就是两名进攻队员通过两次传球越过一名或几名防守队员的配合方法。持球队员带球向防守队员逼近，并把防守队员吸引过来，然后传出地滚球，力量要适度，方向一定要准确，在将球传出后应该立即快速插入，准备接球。做墙队员要突然摆脱防守者，并侧对进攻方向，一次触球，力量适当，把球传至同伴跑动路线上。

（3）二人交叉掩护配合。二人交叉掩护配合指的是两名进攻队员通过运球与身体的掩护越过一名或几名防守队员的配合方法。持球队员用远离防守者的脚带球，将身体置于球和对方之间以保护球。当与同伴交接球时可以做运球的假动作但是却不接触球，完成配合后要继续跑位进攻。对接球队员靠近运球同伴以接应之势迷惑对方，选择有利时机突然起动，接带球越过对方。

（4）二人回传反切配合。二人回传反切配合指的是通过三次传球完成的配合方法。持球队员距接应球队员应该保持在 8～10 米，两人纵向站位；接应队员向持球队员靠近，并吸引紧盯的防守队员，持球者快速传地滚球给回撤的接应队员；接应队员直接回传，然后快速转身下插；原持球者通过地滚球或过顶球向前纵方向传出去，从而使接应队员接球后向前发起进攻。

2. 三人进攻配合

三人进攻配合是在局部区域由三名进攻队员攻击两名防守队员的战术配合方法。它与二人进攻比较起来，具有进攻面广、传球点多、战术变化大的显著特点，对防守的威胁也较大。三人进攻配合多采取制造“第二空当”和“连续二过一”的方法。

（1）第二空当。第二空当指的就是当一名进攻队员跑向一个有利的空当（第一空当）并牵制一名防守队员的时候，使原区域出现了空当（第二空当），第二个进攻队员迅速插向第二空当，利用传接配合，突破防守。

（2）连续二过一。连续二过一至少由两组二过一配合组成。打配合的时候，控球者在传球之前应注意观察周围环境，无球队员注意力需要集中，并使用合适的力量选择合适的出球方向将球传出。

（二）小组防守战术

（1）夹击配合。夹击配合是两名防守者将持球者作为目标，围绕着持球者展开的抢截球战术。夹击配合的时候，应该具有主动控制对方活动的能力，迫使持球者按照防守人的意图行动；防守者之间的配合应该较为默契，选择合适的区域，通常在边路最佳。

（2）围抢配合。围抢配合是两名以上的防守队员在边线或球门线附近对一名持球进攻队员实施抢截球的战术。围抢时应注意必须是在局部地区防守人数占优的情况下进行围抢，围抢局面形成之后，围抢队员的行动应该要协调一致，抢截动作要迅速而猛烈。在围抢的同时，外围的防守队员必须紧盯前去接应的进攻者。

（3）协防配合。协防配合是第一防守者对持球者实施抢截球或紧逼，第二防守者在其身后进行保护的战术。协防配合的过程中，第一防守者不能贸然出击，防止被突破；第一防守者如果被击败了，应及时地进行追防或补位；第二防守者可以根据实际情况进行直接跟进，形成两人围抢。

（4）封堵退守。封堵退守指的是通过在进攻队员的进攻途中设置障碍延续其进攻，使同伴有时间回防到位，以巩固局部或整体防线的技术。在封堵时，可以向对方施加语言及行动上的压力，致使其犯错误。在实施战术行动时，第一防守者一般都是孤军作战，延缓对方的进攻是核心任务。

三、整体战术

（一）比赛阵型

比赛阵型指的是全队队员为了适应攻守战术的需要，在场上进行位置的排列和职责的分工。比赛阵型是本队攻守力量搭配和分工的形式体现。

根据队员职责和排列层次的不同，可以将其分为后卫线、前卫线和前锋线。阵型的名称按从后卫向前锋的人数排列，守门员不计算在内。

目前，世界上普遍采用的阵型有“4-3-3”“4-4-2”“4-1-2-3”和“3-5-2”等。在这些阵型中，除了“4-3-3”是以防守为主、反击为辅的阵型之外，其他阵型都是进攻为主，尤其以“3-5-2”阵型最为突出。

阵型的选择不是盲目的，而是需要依据本队队员的特长、技能、技术水平与球队的特点等确定。除此之外，阵型不是僵化了的规定，每个队员都应在明确基本位置和主要职责的前提下，进行创造性的活动。

（二）整体进攻战术

（1）边路进攻。利用球场两侧地区发起的进攻被称为边路进攻。边路进攻是全队进攻战术中的主要形式之一，其主要特点就在于它有利于发挥进攻速度，打破对方防线制造缺口。

（2）中路进攻。中路进攻是利用球场中间区域组织的进攻，这种进攻虽能直接射门，但难度却是最大的，因为一般中路防守都是最为严密的，突前的攻击手必须是反应极其敏锐、意识强、技术高、敢于冒险、速度快和善于跑位策应的队员。

（3）快速反击。比赛中当攻方进攻时，后卫线往往压至中场附近，防守人数也由于插上进攻和助攻而相对减少，这个时候如果能够抓住对方防区空隙较大和回防较慢的机会，乘其失球之时发动快速反击，往往能取得良好的效果。

（4）转移进攻。转移进攻指的是在中路进攻或边路进攻受到阻碍之后，过渡到边路或中路，或另一侧边路的进攻方法。转移进攻是能够充分利用场地的空间和足球比赛进攻而没有时间和传球次数限制的一种规则，及时转移进攻点，迫使对方防线横线扯动，出现空当，从而成功突破防线。

（三）整体防守战术

（1）区域防守。区域防守指的是每一位防守队员都有一定的防守区域，进攻者一旦进入该防守区域，防守队员就对其严密盯防，从而限制其在该区域的一切进攻行动。虽然区域盯人防守规定了每名防守者的防守区域，但防守队员之间必须有协防的意识。另外，应该注意区域与区域之间结合部的防守。

（2）人盯人防守。人盯人防守是每一位防守者都有各自明确的防守对象，对方跑到哪里防守者就要紧跟盯防到哪里。人盯人防守又可以分为三种类型：全场人盯人防守、半场人盯人防守和后场人盯人防守。人盯人防守分工较为明确，责任分工也较为具体，盯防效果会更好。但缺点就是防守者的体能消耗量较大，防守队形、防线容易被拉乱，一旦突破，不易补防。因此，在具体的比赛中，一般都是将这种防守方式与其他的防守方式搭配使用，以取得更好效果。

（3）混合盯人防守。混合盯人防守是根据对方的情况，在某些区域实行人盯人防守，在某些区域实行区域盯人防守，充分发挥这两种形式的优点，提高整体防守的综合效益。采取混合盯人防守方式时必须注意要重点盯住对方进攻的组织者和主要得分者，最大限度地限制他们的进攻行动，削弱对方的进攻能力；要明确在哪些区域实行盯人防守，在哪些区域实行混合防守。

第四节　足球运动的比赛规则

一、场地及器材

（一）足球比赛场地

足球比赛场地必须是长方形，边线的长度必须比球门线的宽度要长，长度一般为 90～120 米，宽度为 45～90 米。在国际足球比赛中，场地长度一般都为 100～110 米，宽度为 64～75 米；世界杯比赛场地的长度为 105 米，宽度为 68 米。

（二）场地标记与设施

比赛场地一般都是用线来标明的，这些线作为场内各个区域的边界线应包含在各个区域之内，所有线的宽度都不能超过 12 厘米。

中线将比赛场地划分为两个半场。两条较长的边界线为边线，两条较短的线为球门线。在场地中需要标明各个标记，比如中圈、中点、球门区、罚球区、罚球弧、角球区、罚球点、限制线等。在场地上的每个角上各竖一根高于 1.5 米的平顶旗杆，旗杆上要系一面小旗；球门必须是白色的并放置在每个球门线的中央，长为 7.32 米，高为 2.44 米。

（三）比赛用球

比赛用球应该是圆形球，球的外壳应该用皮革或其他许可的材料制成，球的结构中不得使用可能会对运动员造成伤害的材料。球的圆周应该控制在 68～71 厘米这一范围之内。比赛开始时，球的重量应该控制在 396～453 克之间，以保证比赛用球的规范性。

二、任意球

足球比赛中的任意球可以分为两种：一种是直接任意球，这一任意球主要是针对在比赛中恶意踢人、打人、绊倒对方的行为，另外，用手拉扯、推搡对方和手触球也属于这一类，还有辱骂裁判员、辱骂他人也要判罚直接任意球。这种任意球可以通过直接射门获得分数。如果这些行为发生在罚球区，就要判罚点球。另一种就是间接任意球的判罚，危险动作、阻挡、定位球的连踢都属于这一类。这种任意球不能通过直接射门得分，只有当球进门之前，触及另外一名队员的时候才可以得分，罚球区内这种犯规不能判罚点球。

无论是直接任意球还是间接任意球，防守方都要退至 9.15 米线外。如果不按要求退至 9.15 米外，裁判员可出示黄牌。

三、越位

（一）越位位置

在对方半场内，队员比球和最后第二名对方队员更接近对方球门线即处于越位位置。在本方半场内，与最后第二名或最后两名对方队员齐平，不属于越位。

（二）越位犯规

处于越位位置的队员，在同队队员踢或触及球的一瞬间，裁判员认为其就下列情况而言“卷入”了现实比赛中时才被判为越位犯规：首先，对比赛造成了；其次，对对方队员造成了干扰；最后，利用越位位置获得利益。

四、裁判员及其判罚信号

（一）裁判员配备与职责

一场正式的足球比赛需要有一名裁判员、两名助理裁判员和一名第四官员担任裁判工作。

裁判员的职责：持有场上最终判决权、决定比赛时间是否延长以及决定比赛是否推迟和中止。

助理裁判员的职责：示意越位及球出界，协助裁判员的场上判罚，但没有最终判决权。

视频助理裁判：在2018年世界杯中，国际足联使用了视频助理裁判。当出现“清楚和明显错误”或“严重漏判”时，裁判员可以暂时中断比赛，通过视频助理裁判提供判罚的参考意见，但是最终的判罚还是由裁判员做出。

（二）裁判员各种判罚信号

（1）在比赛中，如果出现了下列五种情况，那么裁判员必须鸣哨：第一，开始比赛（长音较响）；第二，令比赛停止；第三，胜一球（长音响亮可不鸣哨）；第四，罚球点球（短促洪亮）；第五，比赛时间终了（一或二短一长）。

（2）助理裁判员在下列情况下可以给予旗示信号：第一，应该由哪一队踢角球、球门球或掷界外球；第二，当可以判罚处于越位位置的队员时；第三，当队员需要替换时；第四，当发生裁判员视线外的不正当行为或其他事件时。

五、小型足球比赛规则

（一）五人制足球比赛规则

（1）比赛场地。五人制的足球比赛场地必须是长方形，正式比赛场地应该是长为38~42米，宽为20~25米的长方形。球门高为2米，宽为3米。

（2）队员人数。每队上场的队员人数不得超过五名，其中必须有一名担任守门员。可以随时在换人区替换场上队员，换下的队员也可以再次换上场。守门员必须在成死球时才可以替换。

（3）比赛时间。比赛分两个半场，每半场的净时间一般都为20分钟。球队可在每个半场要求一次1分钟的暂停。需要注意的是，上下半场之间的休息时间不能超过10分钟。

（4）裁判法。由主副两名裁判员执法，主裁判和副裁判以对角斜线为界，各自主要负责自己半边场上判罚。在发生意见不一致时，应以主裁判的判罚为准。

（二）七人制足球比赛规则

（1）比赛场地。七人制的足球比赛场地也必须是长方形，正式的七人比赛场地通常长为64～75米，宽为50～55米。球门高为2米，宽为5.5米。

（2）队员人数。每一队的上场队员不得多于7名，而且其中还必须有一名担任守门员。如果有任何一队队员少于5名，那么该场比赛无效。

（3）比赛时间。同样分为两个半场，每半场时间一般都为30分钟。上下半场之间的休息时间不得超过10分钟。

（4）裁判法。一般与十一人制比赛相同，也可采用五人制双裁判制。

第五章 篮球运动

篮球运动有着鲜明的特点，其是集对抗性、集体性、观赏性、趣味性、健身性于一体的一项大众运动，以主动控制空间为目标，以主动控制球为焦点，以主动掌握时间与速度为保证，以各种专业技术为手段，篮球以其鲜明的特点深受人们的喜爱。

第一节 篮球运动概述

一、篮球运动的起源与发展

19 世纪末的一个冬天，美国的詹姆士·奈史密斯博士发明了篮球这项运动。之后篮球运动以其较强的趣味性深受大众的欢迎，并且迅速在美国乃至全世界推广开来。

20 世纪中期篮球运动首次被列为奥运会正式比赛项目。与此同时职业篮球联盟——美国国家篮球协会（National Basketball Association，NBA）成立。

二、篮球运动的特点与作用

篮球运动是一项主要由手支配球，两队在同一场地内相互攻守对抗，以球攻进多少为判定胜负依据的球类运动。篮球运动的多样性和大众化，以及其带来的竞争性和不确定性，是其深受人们喜爱的重要原因。

篮球运动不仅可以促进个体各项身体指标的发展，同时还可以促进团队合作，有助于培养人们的集体意识和大局观念。

三、篮球运动主要赛事

（一）美国职业篮球联赛

NBA 是美国男子职业篮球组织，其拥有 30 支球队，分属两个分区：东部联盟和西部联盟。其赛事——美国职业篮球联赛（或称美国篮球联赛，简称美职篮）也被直接称为 NBA。NBA 正式赛季从每年的 10 月中旬开始，通常被划分为常规赛和季后赛两个主要部分。

（二）中国职业篮球联赛

中国职业篮球联赛（Chinese Basketball Association，CBA）是我国最高级别的篮球比赛，在每年的 10 月或 11 月开始一直到次年的 4 月左右结束。

第二节 篮球运动的基本技术

篮球技术可以分为两种：无球技术和有球技术，无球技术主要指没有球的情况下做出的各种移动，本节主要对有球技术进行介绍。

一、移动与进攻

移动与进攻指防守队员运用启动、跑、停、跳、滑步、攻击步、后撤步等动作阻止进攻，进攻队员运用急停、急起、转身、变速变向跑等移动动作摆脱防守，完成进攻任务。不管是阻止进攻还是完成进攻，都需要队员掌握快速而灵活的脚步移动动作。

二、持球技术

持球指在有防守队员的情况下将球控制在自己手中，在规则允许的范围内将球保护好，并能够顺利衔接到下一步动作的技术。持球技术可以分为两种，即活球和死球。

（一）持球技术动作

在持球时，持球队员应该保持一种进攻的姿势，在这种姿势下，可选择投篮、运球或传球，这种姿势有助于队员在有防守队员的情况下快速启动并运用其他技术。

（二）持球要领

持球者双脚自然开立，与肩同宽，身体重心置于身体中间，脚尖指向篮筐，双膝屈曲，后背挺直同时抬头向前，双手持球于胸前，双手成“八”字形，与投篮姿态相类似。

（1）持活球。在活球状态下，持球队员可以进行运球、传球或投篮。

（2）持死球。死球是相对于活球而言的，死球时不能再做运球动作，因此要注意占领空间。

三、投球技术

投篮得分是决定篮球比赛胜负的唯一标准，也是评价一个篮球运动员是否优秀的重要标准。

（一）投篮技术动作

（1）瞄准。队员要先找准瞄准点，在投篮的时候可以选择空心入网，也可以选择打板入筐，瞄准点确定之后就一直瞄准，即使是球已经出手了也要望向篮筐。

（2）平衡。双脚自然开立与肩保持同宽，身体重心向前脚掌转移，脚尖和肩朝向篮筐所在方向，双膝微屈准备出手。

（3）手部动作。手部五指尽量分开，以较为舒服的方式将球牢牢地控制在手中，掌心空出，手指肚部位持球，肘部在球的正下方，不要外翻；另外一只手称作平衡手，自然扶在球侧，投篮时不发力（单手投篮）。

（4）整体动作。投篮的时候，篮球应该是自下而上运动的，从投篮准备姿势过渡到投篮姿态，其腿部力量对投篮动来说非常重要。投出的球应当是向后旋转的，平衡手放在侧面可以帮助固定篮球的飞行方向。出手后的跟随动作很重要，直到球投中以后再将手放下。

（二）常见的投篮技术

投篮是篮球比赛中最主要的进攻技术，其包含的类型较为丰富，主要有原地双手胸前投篮、原地单手肩上投篮、行进间单手低手投篮、行进间单手肩上投篮、运球急停跳投等。

（1）原地双手胸前投篮。这种投篮方式通常女生使用的比较多，两脚保持左右或前后站立，两膝微屈，两脚脚跟略离地面，上体稍向前倾，两手手指自然张开，持球两侧略靠后的部位，两拇指相对成“八”字形，掌心空出，持球于胸前，屈肘靠近身体。投篮的时候，两脚蹬地身体伸展，同时两臂向前上方伸出，拇指向前上方用力推送，手腕稍外翻，使球从大拇指、食指、中指指尖投出，如图 5-1 所示。

图 5-1 原地双手胸前投篮

（2）原地单手肩上投篮。右手五指尽量分开，将手心空出，用指根以上的部位进行持球，用大拇指和小拇指控制球体，左手扶球的左侧，右手屈肘，肘关节自然弯曲，置球于右肩上方。投篮时，下肢蹬地发力，右臂向前上方伸直，手腕前屈，食指、中指用力拨球，通过指端将球轻柔地送出。球出手的同时，身体也要随着投篮动作而向前伸展，如图 5-2 所示。

图 5-2 原地单手肩上投篮

（3）行进间单手低手投篮。这里以右手单手投篮为例，队员在跑动的过程中接球或运球突破上篮时，应先跨右脚接球或拿球，接着第二步跨左脚起跳，左脚跨步的幅度要稍微小一些，右腿屈膝上抬，等到身体上升到最高点的时候，右臂努力向上方或前上方伸出，掌心向上，手臂向篮筐充分伸展，将球沿着手掌和手指向篮筐滚动。这种上篮方式通常更加柔和，在快速跑动中具有较强的稳定性。

（4）行进间单手肩上投篮。这里以右手单手肩上投篮为例，脚下所做的前期动作和行进间单手低手投篮的动作基本一样，右腿屈膝上抬的同时，双手向前上方举球，腾空后右臂向前上方伸展，将手举到最高点，从而完成投篮。

（5）运球急停跳投。在快速运球的过程中，队员用一步或两步的方式接球停步，两膝微屈，身体重心下降，迅速蹬地起跳，同时两手迅速将球举在右肩上。在身体接近最高点并处于稳定的一瞬间，迅速向上伸臂，用右手的手腕和手指的力量将球投出。

在比赛中，绝大多数的投篮动作都是在动态和对抗条件下进行的。所以，投篮技术必须有全面进攻技术作基础，才能随机组合各种投篮技术，灵活运用，创造更多更好的投篮机会。

四、运球技术

运球是篮球运动员持球在场上进行自由行走的重要手段，掌握好运球技术，就可以创造出合理的传球角度，创造出更多的投篮空间，同时可以躲避防守。

（一）运球技术动作

运球在篮球比赛中占据着重要的位置，其是控制、支配球，组成战术配合及突破防守的重要手段。控球队员可以通过直线运球进行提速，通过折线运球摆脱防守，通过急停急起更好地观察防守队员的位置。

（二）常见的运球技术

1. 原地运球

原地运球时，队员应该用手指运球，手心尽量不要碰触到球，另一只手的手臂要微曲上抬，以保护运球的过程中不被防守队员干扰。运球的时候，运球者的目光要注视前方，屈膝、直背、抬头。运球的高度不要超过腰部，练习的时候应该使自己的左右手同时得到运动锻炼。

（1）高运球。肩胛带动大臂，运球一般不要超过腰，如图 5-3 所示。

（2）低运球。小臂协同手腕，球不要超过膝盖，利用大臂和小臂的发力使球弹起，手指、手腕与手臂要协调发力，使球能够始终控制在自己身体的一侧，如图 5-4 所示。

图 5-3　原地高运球

图 5-4　原地低运球

（3）单手前后运球。在身体一侧，与运球的位置相同。手指向下，手腕变换，小臂协同手腕，将球击地向前推，待球反弹起来之后再向后拉，如图 5-5 所示。

图 5-5 单手前后运球

（4）单手左右运球。在身体前侧，手指向下，手腕变换，小臂协同手腕，将球击地后向左右两侧推拉，如图 5-6 所示。

图 5-6 单手左右运球

（5）体前变向。与上述提到的单手左右运球相似，使用两只手协调运球，运球的时候在体前进行变向，这个时候运球者的脚尽量不要站死，要随着球的方向抬起脚，为行进间的变向做好准备，如图 5-7 所示。

图 5-7 体前变向

（6）背后变向。与体前变向运球相似，两只手同时使用进行协调运球，在背后进行变向，球的落点始终保持在两腿之间，此时脚尽量不要站死，要随着球的节奏进行移动，身体也要顺势摆动，这样有助于将球牢牢地控制在手中，为行进间的变向做好准备，如图5-8 所示。

图 5-8　背后变向

2. 行进间运球

行进间运球是在原地运球已经熟练掌握的前提下与跑动相结合的一种运球方式。

（1）运球急停急起。如图 5-9 所示，运球急停可以采用两步急停的方式，两腿屈膝前后开立，跨出第一步时身体稍微向后仰。与此同时，拍打球的上方，降低球的反弹高度，使球在原地进行反弹，同时身体重心也要降低，用腿和异侧臂保护球。急起时，拍打球的后上方部位。身体重心发生转移，移至前脚掌，同时后脚迅速蹬地跨出超越防守者，迅速向前推进。运球急停急起的特点是动作突然、起动快、线路多变、攻击力强、易摆脱防守。

图 5-9　运球急停急起

（2）体前变向换手运球。体前变向换手运球可以帮助运球队员快速改变原来的运球方向，通过运球制造与防守队员之间的空间。当运球向前时，球员利用外侧脚蹬地，同时用力低运球将球变换至另一侧手，如图 5-10 所示。

（3）后转身变向运球。后转身变向运球可以帮助队员快速摆脱对方的防守。运球向前时，队员突然向另一侧后转身，背对防守队员，将身体保持在防守队员与球之间，再次正向前方，并换另一只手来控球，如图 5-11 所示。

图 5-10 体前变向换手运球

图 5-11 后转身变向运球

（4）胯下变向运球。胯下变向运球快速而隐蔽，可以对防守队员造成一定的迷惑性。方法和体前变向换手运球较为相似，当运球向前时，队员利用外侧脚蹬地，同时运球手对侧的腿快速向前跨出，将球变换至另一侧手。前后交叉变换运球手进行运球，如图 5-12 所示。

图 5-12 胯下变向运球

（5）背后运球。进攻队员贴近防守队员之后，快速将球在背后换至另一只手进行运球。这种运球方式通常被用于摆脱对方，但是对于初学者来说，掌握起来比较困难，如图 5-13 所示。

图 5-13　背后运球

五、传球技术

篮球是一项集体运动，传球是这一集体运动中连接队员的重要纽带，是促进团队合作的重要手段。拥有好的传球技术是获得高水平篮球比赛技术的必经之路。

（1）双手胸前传球。队员处于三威胁姿势，然后双手持球于胸部，瞄准接球者的胸前位置，将球推离胸部，后脚（中枢脚）蹬地，前脚（非中枢脚）向传球方向上步，球离手时队员应当向着传球目标充分伸展双臂，顺势将手腕向外打开，手心向外，球应当向后旋转，如图 5-14 所示。

图 5-14　双手胸前传球

双手胸前传球快速而准确，但是隐蔽性较弱，如果正前方有防守人的话就需要选择其他的传球技术。

（2）双手击地传球。队员处于三威胁姿势，然后双手持球于胸部，瞄准接球队员与自己之间距离手的位置，将球推离胸部，后脚（中枢脚）蹬地，前脚（非中枢脚）向传球方向上步，使双臂得到充分的伸展，顺势将手腕向外打开，手心向外。接球后的队员应该马上保持三威胁姿势，如图 5-15 所示。

击地球通常可以给接球者留出更长的反应时间，初学者和身体各项能力较弱的队员可以先练习这一传球技巧，接球较容易判断。双手击地传球的准确性同样比较高，但如果正前方有防守人员的话，就需要变换为其他的传球方式。

（3）单手肩上传球。队员处于三威胁姿势，左手肩上托球于头侧，掌心空出，以转体、挥臂、甩腕及手指拨球的力量将球传出，如图 5-16 所示。单手肩上传球是一种中远

图 5-15　双手击地传球

距离的传球方法。其最大的特点就是传球力量大、速度快、距离远，这一传球技术在长传快攻和突破起跳分球时经常被采用。

图 5-16　单手肩上传球

（4）单手体侧传球。队员处于三威胁姿势，将球移至左手引到身体左侧，出球前一刹那，球手的大拇指在上，掌心向前，手腕后屈，出球时前臂向前做弧线摆动，当球摆过身体左前方时，迅速收起前臂，用手腕、手指的力量将球传出。单手体侧传球的特点就是隐蔽、动作快而幅度小，如图 5-17 所示。

图 5-17　单手体侧传球

（5）头上传球。队员处于三威胁姿势，瞄准接球者的头部以上部分，双手持于球的两侧，直接将球持于头上，后脚（中枢脚）蹬地，前脚（非中枢脚）向传球方向上步，以腰为轴，上半身后仰向前发力，手指、手腕要进行拨球，以此来控制球的高度和方向，如图 5-18 所示。

图 5-18　头上传球

六、接球技术

高质量的接球与传球可以有效增强团队战斗力，如果队员不会接球，那么即使传球技术再好也无济于事。

（1）接传球。接球队员应在胸前双手张开，双眼注视持球队员，用手指肚先碰触球，过渡到手掌，再用双臂将球夹住。当快速移动时应做双脚跳步急停动作，这样就可以保持落地的稳定性，把球接住后立刻进入持球三威胁姿势，如图 5-19 所示。

图 5-19　接传球

（2）接运球。在高速运球的时候能够将球拿起，为衔接下一动作做好准备是进行比赛时的一项重要技能。在运球过程中队员将球拿起时一定不能着急，应该双手张开，朝向地板方向，用指肚触球，然后过渡到手掌，再用双臂将球夹住。快速运球时应单脚两步急停，这样可以保持落地的稳定性,同时可以观察周围的防守,将球拿起后迅速进入持球三威胁姿势。

七、突破技术

突破是篮球运动中个人攻击一项非常重要的手段，在篮球比赛中突破通常都是非常有效的得分手段。

（一）突破技术动作

在持球突破中队员双脚站立在地面上与球相接触，当一只脚抬起的时候，另一只脚就不能再抬起，不能抬起的脚就是中枢脚。在移动中，如果接到球时一脚也正好接触地面，那么该脚就成为了中枢脚。如果双脚离开地面时接球且队员双脚同时落地时，那么，一脚抬起的瞬间，另一脚就成为中枢脚。

（二）常见的突破技术

（1）试探步突破。制造一种要突破一侧的假象，如果防守队员的防守重心发生了转变那么这一步法就取得了成功。如果不变可通过试探步了解防守的重点在哪里，然后进行进攻选择。

（2）交叉步突破。队员接球后，以三威胁姿势作为开始，抬起一脚做试探步，确定中枢脚。以左脚为例，左手突破防守队员的右侧。技术发力环节是这项突破技术的关键之处。首先一定要保持身体的低重心，以左脚为轴，右脚蹬地要向防守队员右脚外侧跨，同时髋关节转动，缩小突破的空间，然后放球，加速，将球向前推进。动作熟练之后，试探步和交叉步可以相互配合使用。

（3）顺步突破。队员接球后，以三威胁姿势作为开始，抬起一脚做试探步，确定中枢脚。以左脚为例，在试探当中发现对方的重心并没有根据试探步而改变，那么就要运用顺步突破了。以左脚为中枢脚，右脚做小步试探，如果对方重心没有发生转移，那么右脚就跨出一大步，同时放球，球要保持在身体的一侧，然后左脚迅速跟上，将防守人的防守线路卡住，加速上篮。

八、防守技术

防守是篮球比赛中一个较为重要的部分，防守实力通常折射出一个球队的实力，赢球通常靠的是防守，赢多赢少靠的是进攻，正确的个人防守姿势可以为团队防守打下坚实的基础。

（一）防守技术动作

双脚分开与肩同宽，脚尖向前，双膝微屈，重心放在前脚掌上，保持平衡，不要前倾或后仰，背挺直，抬头向前。

（二）常见的防守技术

（1）防守的基本位置。在进攻队员与球接触的一瞬间，防守队员应该迅速根据球、区、篮、时间确定防守的位置，并用正确的防守姿势，站位于对方与球篮之间，积极移动阻截和干扰破坏对方的进攻。

（2）对有球队员进行严防死守。防守队员要不断地对球施加压力，尽力干扰和破坏对方的投篮动作，迫使对方运球，封堵其传球的路线。防守队员不能轻易地被对方的假动作迷惑，应该及时发现对方进攻的技术特点，充分利用规则、场地、时间等因素，及时采取有针对性的防守策略。在现实比赛中，较为常用的步法有平步滑步、上步滑步、斜步滑步。

1）平步滑步。两脚平行开立，与肩同宽，横向滑步，双手屈臂仰起，方便于控制身体的平衡，也能够有效增大防守面积，重心放置于前脚掌，滑动时脚不要交叉、并拢；不要跳、不要重心起伏，要始终保持在篮筐与进攻人之间，如图 5-20 所示。

2）上步滑步。上步滑步是用攻击步接近进攻人，或碎步向前接近进攻人（这种步法可保持防守者的重心以防接近进攻人时被突破），同时上步脚侧手臂要扬起，主要以封球、干扰球为主，如图 5-21 所示。

3）斜步滑步。两脚前后开立，不可以太倾斜，以扩大防守面积。要求后脚尖和前脚的脚跟站在一条线，撤步、向前（后）滑步、交叉步，前脚同侧手臂根据球的位置进行伸缩性攻击，上扬或向下，保持身体平衡，增大防守空间，如图 5-22 所示。

图 5-20 平步滑步

图 5-21 上步滑步

图 5-22 斜步滑步

（3）防守无球队员。防守无球队员的时候应该尽可能地阻止对方在有效攻击区内接球，或使对方接球后不能流畅地衔接到下一个攻击动作。防守无球队员通常会用到三种技术：防纵切、防横插、防溜底。

（4）抢球。抢球指队员借助身体卡住对方，用双手抓住球向后突然猛拉，或采用前臂、手腕及上体扭动的力量将球抢走。

（5）打球。在对方接到球的瞬间或运球过程中，防守队员可突然上步打球。如果对方持球的高度较高，可以选择自下而上的方法，用手指和指根击打球的下部。如果持球部位较低的话，可以采用自上而下的方法，用手指和手指外侧击球的上部。此外，针对跳起投篮的封盖球也属于打球，如盖帽、上篮盖帽。

（6）断球。在持球者传球给同伴离手的瞬间，突然启动，快速助跑，单脚或双脚蹬地起跳，侧身跃出，使手臂和身体得到充分的伸展，用单手或双手将球截获，即为断球。

九、篮板球技术

篮板球技术是一项较复杂的技术。如果防守队员处于进攻队员与球篮之间的有利位置的话，就可以采用“挡抢”的方法；如果进攻队员和球篮之间存在一个防守队员，那么就需要采取“冲抢”的方法。防守队员抢到篮板球不仅能转守为攻，为发动快攻创造有利条件，同时还可以增加进攻队员投篮的心理压力。进攻队员一直得到篮板球的话可以增加进攻次数，对比赛节奏加以控制。一个球队抢篮板球次数的多少，对比赛的主动与被动、胜利与失败有很大影响。

（一）篮板球技术动作

（1）需要观察与判断。队员应该注意观察投篮的距离、角度、球触篮筐等的部位，对球反弹的方向和距离做出合理的判断。

（2）应该快速移动。利用假动作抢占在对方与球篮之间的有利位置。

（3）找准起跳时机。起跳要有一定的爆发力，能连续跳起更好，但也要注意掌握好起跳的时机。

（4）占据最高点抢球。把球控牢，并迅速连接下一个动作。

（二）常见的防守技术

（1）防守篮板球卡位。在比赛中，防守队员处于进攻队员与篮筐之间的有利位置，在对方投篮出手后，首先应该关注对方的动向，并根据当时与进攻队员所处的位置和距离的远近，运用上步、撤步和转身抢占有利位置，将进攻队员牢牢地挡在身后，与此同时还要对球的落点做出判断并时刻准备起跳。

（2）抢进攻篮板卡位。在比赛中，当同伴或自己投篮时，处在近篮的进攻队员首先应该对球的反弹方向做出判断，然后先向相反方向的侧前方跨步，利用身体虚晃的假意动作，诱开身前的防守队员，趁机挤到对方的前面或侧前方，抢占有利位置，然后再借助跨步或者助跑进行起跳，跳至最高点做补篮或抢篮板球动作。

第三节　篮球运动的基本战术

篮球战术是在篮球比赛中各队员之间配合协调的一种组织形式。使用篮球战术的主要目的就是能够更好地发挥本队队员的篮球技术水平，并且对对方队员形成制约作用，从而使本队掌控比赛的主动权，争取比赛的最终胜利。

一、基本攻守战术

（一）组合进攻战术

组合进攻战术是形成球队战术的基础，五人的篮球战术体系就来源于组合战术。

（1）突破分球。突破分球指本队队员向篮下突破后将球传给空位的同伴，控球队员再使身体和脚步动作与娴熟运球技术相结合，从而摆脱盯防自己的防守队员，而且能够实施有效攻击的一项实用性、攻击性、杀伤性很强的进攻技术。

（2）传切配合。传切配合指通过无球跑动获得进攻机会。向球的方向切入时应注意向球的方向做出一到两步的假动作，这样可以有效诱使防守队员失去原来的位置。在篮球比赛中，不懂得跑位的篮球队员实际上很难获得空位接球的机会，这就意味着该队员对对方没有攻击性。

（3）掩护配合。掩护配合指通过合理的身体动作阻挡防守队员的移动路线，使同伴摆脱防守获得空位接球的机会。

需要注意的是，队员在做掩护动作的时候，脚和肩膀应该保持同宽，被掩护者也需要适当配合掩护者，使防守者处于静止的情况，提高掩护的质量，利用同伴的掩护快速摆脱，获得空位机会。

（4）策应配合。策应配合指进攻队的前场和全场通过场上队员组织接应，并且有效地转移球的战术配合。

（二）组合防守战术

实施组合防守战术的主要目的就是在个人防守的基础上，通过同伴的协同防守达到扩大防守面积、减小防守漏洞的目的。

（1）交换防守。交换防守就是为了破坏进攻队员的掩护配合，防守队员之间彼此及时交换自己所防守的对方的一种配合方法。

（2）关门防守。关门防守是两个防守队员靠拢协同防守突破的配合方法，其要求是防守队员应积极堵住进攻者的突破路线，临近突破一侧的防守队员要及时向同伴靠拢进行“关门”，不给突破者留有通过的空隙。关门配合也运用于区域联防。

（3）夹击防守。夹击防守是两个防守队员同时积极防守一个进攻队员的配合方法。夹击防守要求防守者要正确掌握夹击的时机和区域，行动一定要果断、快速，在形成夹击时要用身体和腿部限制进攻队员的活动，用手臂封堵传球或接球，但是不要犯规。

（4）补防。补防是防守队员在同伴漏防的时候，立即放弃自己的对方，去补防那个对本队威胁最大的进攻者，从而与漏人的防守队员及时换防的一种协同防守方法。

二、快攻与防守快攻

（一）快攻

快攻是指由防守转入进攻的时候，进攻队员能够以其最快的速度，力争在对方队员立足未稳之际，合理、果断地进行攻击的一种进攻战术。

1. 快攻的种类

快攻一般可以分为长传快攻、短传与运球结合快攻、运球突破快攻三种。

（1）长传快攻。长传快攻指的就是队员在后场获球之后，立即把球长传给迅速摆脱对方的前场快下队员的一种偷袭快攻形式。此时，无论是抢篮板球的队员还是接应队员都应该由远及近地观察篮球场上的情况变化，当发现同伴处于有利位置的时候，及时而快速地将球传给同伴。此战术建立在准确的长传技术和快速奔跑、强行突破上篮或中、远距离跳投等技术的基础之上。由于长传快攻只有战术的发动阶段和结束阶段，因而进攻具有时间短、速度快、配合简单的显著特点，是一种成功率较高的快攻战术形式。

（2）短传与运球结合快攻。短传与运球结合快攻指的是防守队员在获球之后，立即以快速的短距离传球方式，直逼对方篮下进攻的一种快攻形式。这种快攻具有灵活、机动、多变的优点，而且由于参加配合的人数较多，所以极易造成以多打少的局面。短传与运球结合快攻经常与运球突破结合运用。

（3）运球突破快攻。运球突破快攻指的是防守队员在获球之后，利用运球技术超越对方防守，自己投篮得分或传球给比自己投篮机会更好的同伴进行攻击的一种快攻形式。

2. 快攻的发动形式

快攻的发动形式一般可以分为抢断以后的快攻、防守篮板后的快攻、快攻衔接阶段的半快攻三种。

（1）抢断以后的快攻。如果抢到或断到球的队员处于前沿，那么就可以直接进行攻击，如果处于全队的后阵，那么就要通过传球或运球突破，转入快攻。

（2）防守篮板后的快攻。抢防守篮板球和掷端线界外球快攻这两种快攻方式相对比较复杂。一般需要一传和接应，也可以由抢篮板球的队员直接突破运球向前推进。当防守抢到篮板球时，全队都要迅速分散开来，控球的队员要根据场上的具体情况，迅速、及时而且准确地进行第一传。一般情况下，先是长传快攻，然后再和接应的队员相互配合，接应队员应迅速摆脱防守，及时选择有利位置接应一传，准备推进。

（3）快攻衔接阶段的半快攻。快攻衔接阶段的半快攻主要有两种：一是边线球发球或底线发球，在防守人没落稳的时候形成的半快攻；二是在发动快攻中没能直接攻入篮筐，但是可以造成防守人员的错位，有大打小、小打大的机会时的半快攻。

（二）防守快攻

防守快攻是防守战术的一个非常重要的组成部分，其目的在于制约对方的进攻速度，从而为本队积极争取防守时间。在具体的篮球比赛中，常用的防守快攻方法有提高进攻成功率、积极拼抢篮板球、有组织地堵截对方发动快攻的第一传、防守快下队员、提高以少防多的能力等。

三、整体攻守战术

（一）比赛阵型

所谓的比赛阵型就是为了适应攻守战术的需要，全队队员在场上的位置排列以及各队员的职责分工。比赛阵型是本队攻守力量搭配和分工的形式。

根据队员的职责和排列的层次分为后卫、得分后卫、小前锋、大前锋、中锋。篮球比赛中攻防的站位和阵型还是有着一定的区别的，下面对防守阵型做简单的介绍。防守的阵型主要可以分为两种：盯人阵型和区域阵型，盯人阵型根据进攻人的站位而落位，区域联防的形式较为常见的有“3-2”“2-3”“1-3-1”“2-1-2”等。

选择进攻阵型要以本队队员的个人特长、技能、水平为基础，再与球队的特点相协调。阵型并不是固定不变的，每一位队员都应该在明确基本位置和主要职责的基础之上，对场上阵型进行创造性的调整。

（二）整体进攻战术

在篮球比赛中，其胜负在很大程度上取决于战略与战术的合理性。战略是篮球比赛中具有全局性特点的决策，而战术则是指比赛中较为具体的攻守方法。

整体进攻通常有很多种，战术千变万化，但要根据球队人员的组成来确定进攻体系，设计整体进攻的战术。常见的进攻战术主要有两种：牛角战术和 8 字战术。

（1）牛角战术。双中锋上提给 1 号位空位掩护，控球后卫可以根据场上的实际情况利用任意一边的中锋掩护，进行突破上篮。

（2）8 字战术。外线三个人通过 8 字形运球制造出突破的空间，然后根据战术安排，任意一侧的中锋突然上提，掩护外线进行突破上篮。

（三）整体防守战术

（1）半场人盯人防守。人盯人防守有着显著的优点，即分工明确，责任具体，盯防效果好；但是这一战术对队员的体能消耗大，所以目前看来，篮球比赛中很少单一长时间地采用这一防守战术。

首先，由攻转守时，队员先迅速退回到后半场，找到自己的防守人，与队友形成集体防守。其次，以球为主，全力逼防持球队员，积极抢球、打球、断球，阻止其投篮，阻止对方顺利传球，迫使其离开有利的攻击区。再次，对无球队员进行积极的堵位防守，要做到人和球兼顾，阻止对方在攻击区内接球。最后，与同伴利用防守的配合，使对方队员的进攻配合遭到破坏。除此之外，还需要根据不同对方的特点，加强防守的针对性与攻击性。

（2）区域联防。区域联防指的就是将区域与人和球联系在一起而采取的整体防守战术，这一联防战术最鲜明的特点就是协同性。进攻区域联防是针对对方队员防守而设计的攻击方法。

首先，攻转守回防。区域联防指的就是在由攻转守的时候，防守队员退回到后场，每一位队员分工负责一定的区域，并与同伴协同防守，积极移动补位，用队形把每个防守的区域有机地联系起来，形成一种集体的联合防守战术。其次，随球不断调位。以球为主，随球移动，对持球队员采取人盯人的防守，其他防守队员根据篮球的转移，不断地调整和选择正确的防守位置，尤其注意要加强对有球区域和篮下的防守。

（3）混合防守。混合防守是一种迷惑对方，根据对方的个人特点做出的整体组合防守。比赛的时候，对方某一名队员能力非常突出，那么防守方就必须要派一名队员将其盯住，此时可以采取一盯四联的防守方式，从而使那名队员的行为得到限制。

第四节　篮球运动的比赛规则

一、场地与器材

（一）篮球比赛场地

1. 标准篮球场地的规格

标准的篮球比赛场地应该是一块平整的、无障碍物的硬质平面，在对这一平面的尺寸进行丈量的时候应该从界线的内沿开始丈量。长边的界线叫“边线”，长为 28 米；短边的界线叫“端线”，长为 15 米。界线距离其他的障碍物应该小于 2 米。篮球场的长度是由两条边线决定的，再加上两条端线，就构成了比赛场地的大小。

2. 中线、中圈

中线应该从两条边线的中心点位置画出并且与端线平行。需要注意的是，中线要向两侧边线各延伸 15 厘米。它将球分为两个半场，进攻时球和持球人一旦越过中线，那么比赛就会被限制在一个半场中，进攻方就不能再次退回中线。

中圈应画在比赛场地的中心，从圆周的外沿丈量，其半径为 1. 80 米。此区域为比赛开始时跳球争夺球权的区域。

3. 三分线

三分线是以篮筐中心正下方地面的点为圆心画出的一条半圆弧，半圆弧的半径为 6. 75 米，此圆心距离端线内沿的中点是 1. 57 米，而且这一圆弧和两条平行线相交。如果进攻方在三分线外投篮命中，那么该队就能获得 3 分。由于比赛的赛别不同，所以三分线的距离也会有所不同。

4. 罚球线和限制区、分位线

罚球线是距离篮筐 4. 57 米且与端线平行的一条线，进攻投篮被犯规后需要站在罚球线上进行罚篮，罚中一次篮就可以得一分。

限制区应是两条垂直于罚球线，并处于罚球线与底线之间的线。在进攻时进攻队员不能长时间停留在这个区域。这个区域又被称为“3 秒区”，在这里面的停留时间不能超过 3 秒。

分位线是限制区两侧的短线，是队员罚球时界定抢篮板球队员位置的短线。

（二）篮圈和比赛用球

篮圈应该由实心的钢材制作而成，其内沿直径应该在 450 ~ 459 毫米之间，每个篮圈的顶沿应该是水平放置，距地面 3. 5 米（误差 ±6 毫米），与篮板的两条竖边等距离。所有的男子比赛用球为 7 号球，所有的女子比赛用球为 6 号球，青少年使用 5 号球。

二、比赛规则

篮球比赛规则就是篮球比赛中必须要遵守或执行的规则，它规定了篮球比赛的方法、原则、技术标准和行为规范。

（一）球队

首先，队员和替补队员。在比赛时间内，当一名球队成员在比赛场地上，并且有资格参赛时，他是一名队员。当一名球队成员不在赛场上，但是其又有参赛资格时，就是一名篮球替补队员。

其次，球队的组成。每一支球队应该有不超过 12 名有资格参赛的球队成员，其中包括一名队长。

（二）比赛通则

（1）比赛时间。依照国际篮联的标准，篮球比赛应该由四节组成，每一节的时间为 10 分钟。在上半时的第 1 节和第 2 节之间、下半时的第 3 节和第 4 节之间以及每个决胜期之前都应该有 2 分钟的比赛休息期间。上下半时之间的比赛休息时间应该是 15 分钟。如果在第 4 节比赛时间结束时两队的比分相等，那么比赛就有必要再继续一个或几个 5 分钟的决胜期来打破平局。

（2）比赛开始。对于所有的比赛，秩序册中队名列前的队称为主队，坐在记录台左侧的为球队席。

（3）活球和死球。1）活球：跳球中，当球离开主裁判员抛球的手的时候；罚球中，罚球队员可以处理球的时候；掷球入界中，掷球入界的队员可以处理球的时候。2）死球：在任何投篮或罚球中篮时，活球中，裁判员鸣哨时；比赛计时器信号响起以结束每节比赛时；球队控制球过程中，24 秒计时器信号响时。

（4）跳球和争球。1）跳球：在第 1 节开始时，一名裁判员位于中圈位置，在任何两名互为对方队的队员之间将球抛起，即一次跳球发生。2）争球：当双方球队各有一名或多名队员有一手或双手紧握在球上，以至于不采用粗野的动作任一队员都不能获得控制球时，即一次争球发生。

三、一般犯规

（1）侵人犯规。当队员和对方队员发生了不合理的身体接触时就是侵人犯规。

（2）技术犯规。当场上队员、场外教练员、替补队员等违反规则，不服从裁判，影响比赛顺利进行的时候就是技术犯规。

四、违例

（一）违例的概念和罚则

违例就是违反规则，此时应该将球判给对方队员，令其在最靠近发生该违例的地点掷球入界。正好位于篮板后面的地点除外，除非在规则中另有规定。

（二）脚踢球违例和拳击球违例

队员不得故意用腿的任何部位去阻挡球或者用拳击球。但是如果球意外地接触到队员腿的任何部位，或是腿的任何部位意外地触及球，则不能算作是违例。

（三）带球走——走步违例

（1）开始运球的时候，在球离手之前中枢脚不可以抬起。

（2）传球或投篮的时候，该队员可以跳起中枢脚，但是在球离手之前任何一脚都不得落回到地面上。

（3）当一名队员持着球跌倒并在地面上滑行，或躺或坐在地面上时获得了控制球，这是合法的；如果该队员随后持球滚动或尝试站起来，这是违例。

（4）3 秒违例。当某队在前场控制活球，并且比赛计时钟正在运行时，该队的队员不能在对方队的限制区域内停留超过 3 秒时间。

（5）5 秒违例。一名被严密防守的队员必须在 5 秒之内将球传出，或者投篮、运球。

（6）8 秒违例。一名队员在他的后场获得控制活球时或在掷球入界中，球接触后场的任何队员或被在后场的任何队员合法触及，掷球入界队员所在队仍拥有后场的球权。该队必须在 8 秒内使球进入它的前场。

（7）24 秒规则。从掷球入界开始，球触及任何一名场上队员或被他合法触及，并且仍然控球时，该队必须在 24 秒之内尝试投篮。在 24 秒内构成一次投篮指的就是篮球必须在 24 秒计时钟信号响之前离开队员的手，球必须触及篮圈或进入球篮。

第六章 排 球 运 动

排球运动需要队员综合运用跑、跳、滚翻等技术动作进行密切的团队配合，还要经常进行弹跳扣球，对腿部肌肉、腹部肌肉、上肢肌肉都有非常充分的锻炼。由于对抗强度大，排球运动除了锻炼大腿、腰部等核心肌肉群外，还能消耗身体多余的脂肪，让身材更加健美。

第一节 排球运动概述

本节介绍排球运动的基础知识，包括排球运动的起源与发展、特点与作用，以及主要赛事和主要形式。

一、排球运动的起源与发展

排球运动于1895年由美国的威廉·乔治·摩根发明。自排球运动诞生以来，其在世界各地的发展大致可以分为以下三个阶段。

娱乐排球阶段：1921～1938年。这一阶段为排球技术的飞速发展，人们对排球规则进行了一系列的修改和完善。

竞技排球阶段：1947年至20世纪70年代末期。这一阶段世界排坛百花齐放，由重攻轻守到攻防兼备，由追求高度和力量到讲究技术与战术，由注重个人技巧到讲究集体配合，排球技术和战术发展呈现欣欣向荣的局面。

现代排球阶段：20世纪80年代至今。这一阶段国际排球运动呈现了竞技排球运动多元化、娱乐排球再度兴起的发展趋势。

二、排球运动的特点与作用

排球运动是一项两队运动员在由球网分开的场地上进行比赛的运动。比赛由一名队员在发球区内用一只手将球直接击过球网开始，每方最多击球3次使球过网，击球时不得持球，一名队员不能连续击球2次，比赛需不间断地进行直至球落地、出界或其中一方犯规。接发球队胜1球时得1分，同时获得发球权，所有队员需按顺时针方向轮转一个位置，由轮转到后排右侧（1号位）的运动员发球。排球运动具有增强身体机能、培养良好的心理素质、促进社会适应能力三个方面的作用。

三、排球运动的主要赛事

国际上的排球运动主要赛事有奥运会排球赛、世界排球锦标赛、世界杯排球赛、世界青年（少年）排球锦标赛。我国的排球运动主要赛事有全运会排球赛、全国排球锦标赛、全国排球超级联赛。

四、排球运动的主要形式

（一）沙滩排球

沙滩排球简称“沙排”，诞生于20世纪20年代，是目前唯一在沙地上进行比赛的奥运会正式项目。沙滩排球的基本规则、场地大小、排球大小、得失分和交换发球权等方面与室内排球运动基本一样。比赛场区的长、宽分别为16米和8米。沙滩排球一般采用三局两胜制，每局（决胜局除外）先得21分并至少超过对方2分的队胜1局。如果双方打成1∶1平局，则第三局为决胜局，先得15分并至少超过对方2分的队获胜。

（二）坐式排球

坐式排球是专为双下肢残疾的人设计的一种坐在地面进行的排球活动。比赛场地长、宽分别为10米和6米，进攻线距中线2米，男子网高1.15米，女子网高1.05米，网宽0.8米。比赛采用6人排球规则，只是增加了比赛中击球时击球员臀部不得离地这一规定。

（三）气排球

气排球是一项集运动、休闲、娱乐为一体的群众性体育项目。作为一项新的体育运动项目，气排球的打法和记分方法与竞技排球基本相同。气排球由软塑料制成。比赛用球质量约为120克，比普通排球轻100～150克；圆周为74～76厘米，比普通排球圆周长15～18厘米。

（四）软式排球

软式排球诞生于20世纪80年代末期，其具有质量轻、体积大、制造材料柔软、不伤手指等特点。1995年，软式排球进入我国，考虑到软式排球的特点，中国排球协会在青少年中大力开展和推广软式排球活动。2000年末，教育部正式将软式排球列入中小学体育教学大纲，软式排球运动在我国得到迅速发展。

第二节　排球运动的基本技术

本节重点讲解准备姿势、移动、发球、垫球、传球、扣球、拦网等排球运动的基本技术。

一、准备姿势

为了完成各种技术动作而采取的合理的身体姿势称为准备姿势。按照身体重心的高低，准备姿势分为稍蹲准备姿势、半蹲准备姿势和低蹲准备姿势3种，如图6-1所示。

（1）稍蹲准备姿势。脚跟稍提起，膝关节保持一定弯曲，便于及时向各个方向蹬地起动；预先拉长伸膝肌群和增大移动时的后蹬力量，也便于及时起跳、下蹲和倒地。

（2）半蹲准备姿势。上体前倾，有利于向前或向侧前移动；两臂置于胸腹之间，有利于移动时的摆臂和随时伸臂做各种击球动作。

（3）低蹲准备姿势。身体重心比半蹲准备姿势更低、更靠前，两脚左右、前后的距离更宽一些，膝部弯曲的程度大于半蹲准备姿势。身体重心要更靠前，肩部垂直线过膝，膝部垂直线超过脚尖，两手臂置于胸腹之间。

(a) (b) (c)

图 6-1 准备姿势

(a) 稍蹲准备姿势；(b) 半蹲准备姿势；(c) 低蹲准备姿势

二、移翻

从起动到制动的过程称为移动。移动的目的主要是及时接近球，保持好人与球的位置关系，以便击球。迅速移动可占据场上有利位置，争取时间和空间。移动由起动、移动步法和制动 3 个环节组成。

(一) 起动

起动的力学原理是破坏平衡。人体向前抬腿或后撤步使身体失去平衡，开始进入起动状态。

(二) 移动步法

排球运动中的移动步法有多种，应根据比赛场上的实际情况合理使用步法。

(1) 并步与滑步。以向右运动为例，左脚内侧蹬地的同时，右脚向外跨出一步，在右脚落地时，左脚迅速并上，形成击球前的准备姿势，如图 6-2 所示。

图 6-2 并步与滑步

(2) 交叉步。以向右移动为例，上体稍向右转，右脚支撑，左脚从右脚前方向右跨一步，重心过渡到左脚，然后右脚向右方迅速跨步，身体转回，形成击球前准备姿势，如图 6-3 所示。

(3) 跨步。向移动方向跨出一大步，深屈膝，上体前倾，跨步可向前、后、侧前各方向，也可以过渡到倒地动作，如图 6-4 所示。

(三) 制动

在快速移动之后，为了保持稳定的击球姿势和克服身体惯性的冲力，必须运用制动技术。

图 6-3 交叉步

图 6-4 跨步

（1）一步制动法。一步制动时，最后跨出一大步，同时降低重心，膝和脚尖适当内转，全脚掌横向蹬地，使身体重心的投影落在两脚构成的支撑面内。

（2）两步制动法。两步制动时，以倒数第二步做第一次制动，接着跨出最后一步做第二次制动，同时身体后仰，双脚用力蹬地，使身体处于做下个动作的有利姿势。

三、发球

发球是队员在发球区内自己抛球后，用一只手将球直接击入对方场区的一种击球方法。这里主要介绍正面下手发球、正面上手发球、正面上手发飘球、勾手发飘球、跳发飘球和跳发球。

（一）正面下手发球

身体正对球网，手臂由后下方向前摆动，在腹前将球击入对方场区的发球方法称为正面下手发球。以右手发球为例，如图 6-5 所示，面对球网，两脚前后开立，左脚在前，双膝微屈，上身前倾，左手持球于腹前，将球轻轻抛起在体前右侧，离手高约 20 厘米。在抛球的同时右臂伸直以肩为轴向后摆动，击球时右腿蹬地，身体重心随着击球向前摆动而移至前脚上。

图 6-5 正面下手发球

（二）正面上手发球

如图 6-6 所示，队员面对球网，两脚前后自然开立，左脚在前，左手托球于身前，用抬臂和手掌的平托上送，将球平稳地垂直抛于右肩前上方，高度适中。左手抛球的同时，右臂抬起，屈肘后引，肘与肩平，上体稍向右转。击球时，利用蹬地、转体和收腹带动手臂挥动，在右肩前上方伸直手臂至最高点，以全掌击球的中下部。

图6-6 正面上手发球

（三）正面上手发飘球

如图6-7所示，准备姿势同正面上手发球，但抛球比正面上手发球稍低、稍靠前。击球前，手臂自后向前做直线挥动。击球时，五指并拢，手腕稍后仰，用掌根平面击球的中下部，作用力通过球体重心，击球瞬间手指、手腕紧张，手型固定，不加推压动作，手臂并有突停动作。

图6-7 正面上手发飘球

（四）勾手发飘球

勾手发飘球采用侧面对网站位，两脚自然开立，左手持球于胸前将球平稳地抛在左肩前上方约一臂的高度。在抛球的同时，两腿弯曲，上体顺势向右倾斜，并稍向右转动，右臂随之向下、向右后方摆动，身体重心移向右腿。击球时，右脚蹬地，上体向左转动发力，带动手臂挥动，挥动时手臂伸直，在右肩的左上方，用掌根击球的后中下部。

（五）跳发飘球

面对球网，站在距端线2~4米处，利用单手或双手将球抛在前上方，离地面高2~3米，随着抛球离手向前助跑起跳。击球前，手臂自后向前做直线挥动。击球时，五指并拢，手腕稍后仰，用掌根平面击球的中下部，作用力通过球体重心。击球瞬间手指、手腕紧张，手型固定，不加推压动作，手臂有突停动作。

（六）跳发球

如图6-8所示，面对球网，站在距端线2~4米处，利用单手或双手将球抛在前上方，离地面高4~7米，随着抛球离手向前助跑起跳。起跳时，两臂要协调摆动，摆幅要大。击球时利用收腹和转体动作带动手臂挥动。

图 6-8　跳发球

四、垫球

通过手臂或身体其他部位的迎击动作，使来球从垫击面上反弹出去的击球动作称为垫球。垫球的基本手型如图 6-9 所示。下面介绍 5 种常用的垫球技术。

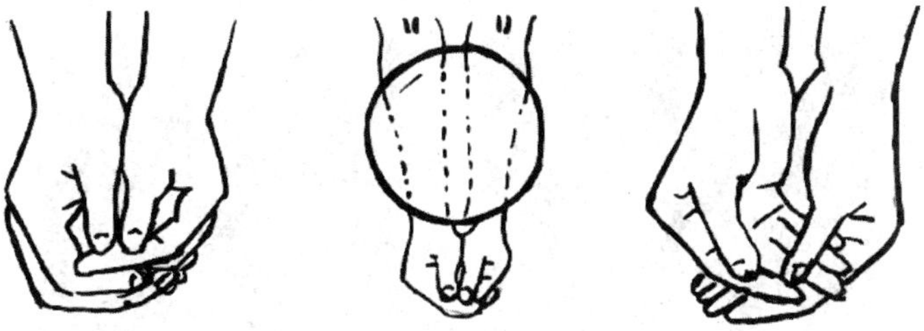

图 6-9　垫球基本手型

（一）正面双手垫球

如图 6-10 所示，将球抛起，半蹲准备姿势迎球，球下落时摆好垫球手型，球在胸口一臂时，手腕下压，插到球下，两臂外翻形成击球平面，用腕上 10 厘米左右桡骨内侧平面击球下方，全身协调发力，蹬地、提肩、抬臂。

图 6-10　正面双手垫球

（二）体侧垫球

以右侧垫球为例，如图 6-11 所示，半蹲准备姿势迎球，左脚前掌内侧蹬地，右脚向右跨出，左膝保持弯曲，身体重心移至右脚。两臂夹紧向右伸出，击球面对准来球方向，利用转腰收腹的力量在体侧击球的后下方。

图 6-11　体侧垫球

（三）背垫球

背对出球方向的垫球称为背垫球。背垫球大多用于接应同伴垫飞的球或将球处理过网，其特点是垫击点较高。背垫球时，首先判断来球的轨迹、方向和离网的距离，迅速移到球的下落处，背对出球方向，两臂夹紧伸直，插到球下，如图 6-12 所示。

图 6-12　背垫球

（四）跨步垫球

判断来球的轨迹，及时向前或向后侧一大步，屈膝制动，重心落在跨出腿上，上体前倾，臀部下降，两臂插入球下方，垫击球的中下部，如图 6-13 所示。

图 6-13　跨步垫球

（五）单手垫球

单手垫球可采用各种步法接近球，当来球速度快、弧度低、距离远时可用单手垫球。当球在体前或体侧时，一脚迅速向前或向侧跨出一大步。重心向前移动，以跨出脚的同侧臂向前伸出，插入球下，用虎口（或掌根，或手背，或前臂）击球的后下部或底部，如图 6-14 所示。

五、传球

（一）正面传球

面对出球方向的传球动作称为正面传球。采用稍蹲准备姿势，抬头看球，双手自然抬起，屈肘放松置于脸前。当球接近额时，蹬地、伸膝、抬臂迎球，在额上方一球处击球。触球时，两手自然张开成半球形，手腕稍后仰，如图 6-15 所示。

图 6-14　单手垫球

图 6-15　正面传球

（二）背传

向后上方的传球动作称为背传。在比赛中采用背传可以变化传球方向和路线，迷惑对方，组成多变的进攻配合。准备姿势比正面传球稍直立，身体重心在两脚之间。判断来球，移动到球下，双手抬起。手触球，手腕适当后仰，掌心向上，在额上方击球下部。传球时，蹬地、展腹、抬臂、顶肘、翻腕，用手指的弹力将球向后上方送出，如图 6-16 所示。

图 6-16　背传

（三）侧传

身体侧对目标并向体侧传出球的传球动作叫侧传。以向右传球为例，采用稍蹲准备姿势，迎球时蹬地抬臂，重心稍右移。击球点在额右前上方，传球手型同正面传球，全身协调用力，上体和手臂向右侧伸展，左侧手臂动作速度和幅度以及用力的距离大于右侧手臂，如图 6-17 所示。

（四）跳传

跳起在空中进行单手、双手传球叫跳传。跳传的起跳最好是向上垂直起跳，保持好身体的平衡，当身体上升到最高点时，靠迅速伸臂以及指、腕的弹力将球传出。跳传的正

图 6-17 侧传

传、背传和侧传，其传球手型、击球点分别与原地的正传、背传、侧传的手型和击球点基本相同，如图 6-18 所示。

图 6-18 跳传

六、扣球

扣球动作结构复杂，下面介绍 5 种常用的扣球技术。

（一）正面扣球

以两步助跑，右手扣球为例。如图 6-19 所示，采用稍蹲准备姿势，站在进攻线后，身体面向来球方向。选择合适的路线助跑，左脚先迈出一步，接着右脚迅速跨一大步，左脚及时并上且制动，踏在右脚前方，双腿起跳。两臂在体侧做弧线向上的摆臂运动。上体稍向右转，右臂向后上方抬起，身体成反弓形。挥臂时，以迅速转体、收腹动作发力，依次带动肩、肘、腕部位成鞭打动作向前上方挥动。击球时，击球的后中部，主动用力屈腕向前推压。

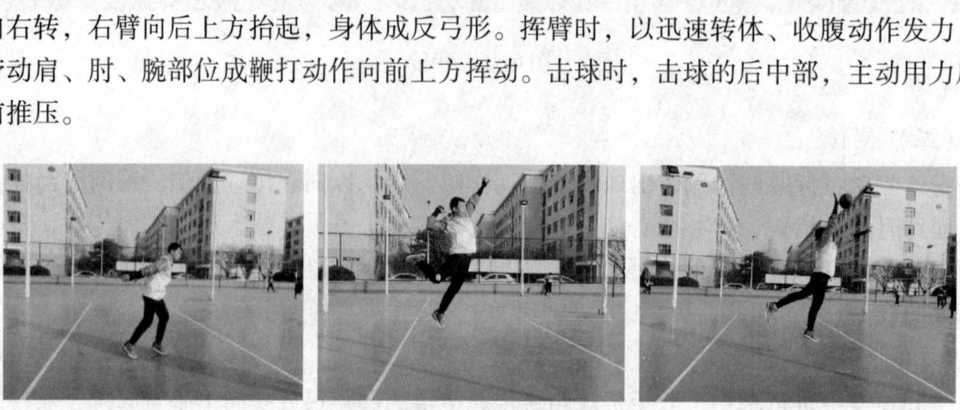

图 6-19 正面扣球

（二）调整扣球

扣由后场调整至网前的球为调整扣球。调整扣球难度较大，要求扣球队员能适应来自后场不同方向、角度、弧度、速度的球，以灵活的步法和空中动作，及时调整好人、球、网的关系，运用不同手法，控制扣球力量、方向、路线和落点，如图 6-20 所示。

图 6-20　调整扣球

（三）扣近体快球

在二传队员体前或体侧 50 厘米左右扣出的快球统称为近体快球。扣近体快球时，应随一传队员助跑到网前，当二传队员传球时，扣球队员在其体前或体侧近网处迅速起跳，起跳后要快速挥臂，将刚刚传出网带的球扣入对方场区。击球时，以全手掌击球的中上部，如图 6-21 所示。

图 6-21　扣近体快球

（四）扣半高球

扣半高球的技术方法和正面扣球基本相同，但在传球的高度上有所区别，半高球的高度一般在网上 1 米左右，需要二传队员和扣球队员密切配合，进攻队员需要提前预判球的轨迹，快速上步，将球击出，如图 6-22 所示。

图 6-22　扣半高球

(五) 单脚起跳扣球

采用与球网成小夹角或顺网的一步、两步或多步助跑。助跑后，左脚跨出一大步，上体前倾，在右腿向前上方摆动的同时，左腿迅速蹬地跳起，两臂配合摆动，帮助起跳，起跳后扣球动作与正面扣球动作一致，如图 6-23 所示。

图 6-23 单脚起跳扣球

七、拦网

拦网是排球运动的基本战术之一，是队员靠近球网，将手伸向高于球网处阻挡对方来球的行动。下面介绍 3 种常用的拦网技术。

(一) 单人拦网

单人拦网技术本身并不难，难的是对拦网时机的判断。队员面对球网，距网 30 ~ 40 厘米，双膝微屈，两臂在胸前自然屈肘，原地起跳时，重心降低，双膝弯曲，用力蹬地，使身体垂直起跳。跳起后两手从额前平行球网向网上沿前上方伸出，两臂平行，两臂尽力伸过网向对方上空，两手接近球，自然张开，手触球时要突然紧张，主动盖帽捂球，如图 6-24 所示。

(二) 双人拦网

由前排两个队员互相靠近同时起跳组成的拦网称为双人拦网，如图 6-25 所示。双人拦网时应以一人为主拦队员，另一人为配合队员，但主拦队员不是固定的。主拦队员必须抢先移到对正扣球点的位置，做好起跳准备，配合队员则迅速移动靠近主拦队员准备同时起跳。两队员之间的距离要合适，两人的手臂应该在体前划小弧向上摆伸。手臂在空中既不能重叠，又不能间隔太宽。

图 6-24 单人拦网

图 6-25 双人拦网

（三）三人拦网

图 6-26　三人拦网

三人拦网在对方扣球进攻力强，路线变化多，而且很少轻扣和吊球时使用。三人拦网的动作方法与双人拦网相似。其关键在于迅速移动，取位恰当，配合密切。无论对方从哪个位置扣球，一般都以 3 号位队员为主拦队员，2 号位、4 号位队员为配合队员。此时，另两个配合队员应及时移动去靠近主拦队员，同时起跳，如图 6-26 所示。

第三节　排球运动的基本战术

排球运动战术指在比赛中根据排球运动的规律、双方的具体情况和临场的变化，合理地运用技术以及采取的有组织、有目的和有预见的一种配合行动。本节介绍排球运动的基本战术，包括阵容配备与位置交换、进攻战术、防守战术。

一、阵容配备与位置交换

（一）阵容配备

阵容配备就是合理地安排场上队员技术力量的组织形式。阵容配备的主要形式有“四二”配备。“五一”配备等。

“四二”配备。“四二”配备指场上队员有 4 个进攻队员和 2 个二传队员。4 个进攻队员又分为 2 个主攻、2 个副攻，同角色的两名队员站在对角位置，如图 6-27 所示。

“五一”配备。“五一”配备指场上队员有 5 个进攻队员和 1 个二传队员。5 个进攻队员又分为 2 个主攻、2 个副攻、1 个接应二传，同角色的两名队员站在对角位置，如图 6-28 所示。

图 6-27　“四二”配备

图 6-28　“五一”配备

（二）位置交换

为了方便每个人发挥特长，根据规则场上队员在发球后可任意交换位置，在比赛中采用专位进攻和防守的方式进行比赛。换位的规律如下：

（1）前排部分。主攻队员换到 4 号位，拦网好、移动快、弹跳强的副攻队员换到 3

号位，二传队员换到2号位。

（2）后排部分。把防守灵活的队员换到5号位或6号位，二传队员换到1号位，以便防守反击时插上传球、组织进攻；把后排进攻能力强的队员放在1号位或6号位。

二、进攻战术

（一）"中一二"进攻

"中一二"进攻是由前排中间的3号位队员作为二传队员，其他5名队员将来球垫传给二传队员，再由二传队员将球传给4号位、2号位队员进攻的战术形式，如图6-29所示。技术水平较低的队伍，一般采用"四二"配备，每个轮次都有一名二传队员在前排。当二传队员轮到2号位或4号位时，可以在对方发球后换到3号位。

（二）"边一二"进攻

"边一二"进攻是由前排2号位队员担任二传，其他5名队员将来球垫传给二传队员，再由二传队员将球传给4号位、3号位队员进攻的战术形式，如图6-30所示。其特点是二传队员在边上，对一传队员的要求稍高，但战术变化多，战术可繁可简，适合不同水平的队伍。若采用"四二"配备，当二传队员轮到4号位或3号位时，可以在对方发球后换到2号位。

图6-29 "中一二"进攻

图6-30 "边一二"进攻

（三）"插上"进攻

在对方发球后，由后排一个队员插上到前排担任二传，把球传给前排4号位、3号位、2号位队员进攻，这种进攻战术称为"插上"进攻，如图6-31所示。不管是采用"四二"配备，还是采用"五一"配备，对方发球后，后排二传队员分别从1号位、6号位、5号位插上，在前排组织进攻。

图6-31 "插上"进攻

三、防守战术

（一）接发球防守阵型

接发球防守阵型按人数可分为五人、四人、三人接发球防守阵型。

图 6-32 五人接发球防守阵型

（1）五人接发球防守阵型。初学者在比赛中多采用“一三二”接发球防守阵型，也称 W 防守阵型，便于打“中、边二传”进攻。二传队员站前排，5 名队员按“W”字分/3 米线后，如图 6-32 所示。每人防守相应的区域，结合部秉承右手侧队员多接和后排队员多接的原则，将球垫向前排二传处组织进攻。

（2）四人接发球防守阵型。四人接发球防守阵型的优点是便于二传插上，不接发球的前排队员可以充分做好进攻的准备。但是接发球时每人负责一条线，对接发球队员的前后移动和判断能力要求较高。由于接发球只有 4 名队员，因此大都采用“盆”形站位。“盆”形站位又可分为“浅盆”形和“一”字形两种，如图 6-33 所示。“浅盆”形站位主要用于接对方目标落点靠后或速度平快的发球，“一”字形站位主要用于接对方的跳发球、大力球及平冲球。

（3）三人接发球防守阵型。三人接发球防守阵型一般是前排两名队员和一名插上队员不接发球，或前排 3 名队员都不接发球而由后排队员担负全场一传任务。其优点在于快攻队员不接一传，有利于组织快变战术；前排队员交换位置非常方便，有利于组成快速多变的战术；可让一传差的队员避开接发球，减少一传的失误。但三人接发球防守阵型每人负责的区域相对较大，对判断、移动及控制球的能力要求较高。三人接发球防守阵型主要采用“前一后二”站位和“后三”站位，如图 6-34 所示。“前一后二”站位由 1 名前排队员和 2 名后排队员担负全场的接发球任务，“后三”站位由后排 3 名队员担负全场的接发球任务。

图 6-33 四人接发球防守阵型

图 6-34 三人接发球防守阵型

（二）接扣球防守阵型

（1）单人拦网防守阵型。当对方技术水平一般，进攻能力较弱时，或当对方战术多变，本方移动不到位，无法组织集体拦网时，可采用单人拦网防守战术。由前排一人拦网，后排形成马蹄形防守阵型。前排 2（4）号位队员拦网，后排队员站位如图 6-35（a）所示；前排 3 号位队员拦网，后排队员站位如图 6-35（b）所示。对方 4 号位队员扣球，本方 2 号位队员单人拦网，3 号位队员后撤防吊球，4 号位队员后撤防小斜线扣球或吊球，后排3名队员每人防守一定区域。对方2号位队员内扣球，防守方法相同。对方3号位队员扣球，本方4号位、2号位队员后撤防守，6号位队员向前防吊球，每位队员负责各自的防守区域。

(a)

(b)

图6-35 单人拦网防守阵型

（a）2号位队员拦网；（b）3号位队员拦网

（2）双人拦网防守阵型。当对方进攻威力较大，路线变化较多，单人拦网不足以阻拦对方进攻时，应采用双人拦网防守阵型。双人拦网防守阵型分为“边跟进”“心跟进”“内撤”“双卡”等防守阵型。“心跟进”防守阵型也称为6号位跟进防守，在对方经常运用打吊结合，而本方拦网能力较强的情况下，可采用此防守阵型。前排2号位、3号位队员拦网，后排队员站位如图6-36所示。以对方4号位队员进攻为例，本方2号位、3号位队员组成双人拦网，6号位队员“心跟进”防吊球及接应落入中场的球，1号位、5号位队员负责防守后场区，4号位队员后撤防小斜线及吊球。

（3）三人拦网防守阵型。在对方扣球运动员攻击性强、线路变化多、吊球少时适合采用三人拦网防守阵型。三人拦网虽然加强了第一道防线的力量，但后场空隙较大，同时给拦网后的组织反攻增加了难度，因此，在比赛中要灵活运用。三人拦网防守阵型可分为6号位压底和6号位跟进两种，如图6-37所示。

图6-36 双人拦网防守阵型

图6-37 三人拦网防守阵型

（三）接拦回球防守阵型

（1）“三二”阵型。进攻队员扣球，防守队员站位如图6-38所示。“三二”阵型使用较普遍，在对方拦网能力较强、拦回球的目标落点大多集中在网前时采用该阵型。以 4 号位进攻为例，3 号位、5 号位、6 号位队员组成第一道防线，1 号位、2 号位队员组成第二道防线（进攻方采用“三二”阵型，防守方采用双人拦网“心跟进”防守阵型）。

（2）“二三”阵型。这种阵型在对方拦网能力一般、拦回球落点比较分散时采用。以 4 号位进攻为例，3 号位、5 号位队员负责前场区，1 号位、2 号位、6 号位队员负责中场区和后场区，如图 6-39 所示。

图 6-38　“三二”阵型

图 6-39　“二三”阵型

第四节　排球运动的比赛规则

本节介绍排球运动的比赛规则，包括场地、器材、设备，胜 1 分、胜 1 局、胜 1 场，犯规，暂停和换人，以及后排自由防守队员的相关规定等方面。

一、场地与器材

（一）排球比赛场地

排球比赛场地包括比赛场区和无障碍区，其形状为对称的长方形。

（二）球网和网柱

球网为黑色，长 9.50 米，宽 1 米，架设在中心线的垂直面上。球网的高度男子为 2.43 米，女子为 2.24 米。网柱为两根高 2.55 米的光滑圆柱。

（三）比赛用球

比赛用球可以是一色的浅色球或国际排联批准的多色球，圆周为 65～67 厘米，质量为 260～280 克，气压为 0.30～0.325 千克/平方厘米。

国际排联世界性比赛、各国锦标赛和联赛所使用的球必须是国际排联批准的比赛用球。

二、得 1 分、胜 1 局和胜 1 场

（1）得 1 分。比赛采用每球得分制，胜 1 球即得 1 分。

（2）胜 1 局。比赛的前 4 局，先得 25 分并同时超出对方 2 分的队胜 1 局。如果打满 5 局，第 5 局先得 15 分且超出对方 2 分的队获胜。

（3）胜 1 场。正式比赛采用五局三胜制。最多比赛 5 局，先胜 3 局的队胜 1 场。

三、犯规

（一）发球犯规

（1）发球击球时的犯规。发球次序错误，发球区外发球，发球击球时球未抛起或持球手未撤离，发球队员未在 8 秒内将球发出。

（2）发球击球后的犯规。发出的球触及发球队队员或没有从过网区通过球网垂直平面，界外球，球越过发球掩护。

（二）位置错误犯规

发球击球瞬间，双方任何一方队员不在规则规定的位置上，即构成位置错误犯规。

（三）击球时的犯规

（1）4 次击球犯规。一个球队连续击球 4 次（拦网一次除外）为 4 次击球犯规。

（2）持球犯规。球必须击出，不得接住或抛出，击出的球可以向任何方向弹出。

（3）连击犯规。一名队员连续击球两次或球连续触及身体的不同部位为连击犯规（拦网一次和第一次击球时除外）。

（4）借助击球犯规。球队在比赛场地以内借助同伴或任何物体的支持进行击球，为借助击球犯规。

（四）队员在球网附近的犯规

（1）过网击球犯规。过网拦网发生在对方进行进攻性击球前或击球时，一方队员如果在对方场区触球或触及对方队员，为过网击球犯规。判断是否为过网击球犯规的依据是击球点是否在对方场区。

（2）过中线犯规。比赛进行中，在不影响比赛的情况下，队员脚以上身体任何部位越过中线触及对方场区，都不算犯规，但整只脚越过中线并触及对方场区，则为犯规。

（3）网下穿越进入对方场区并妨碍对方比赛。网下穿越进入对方场区的队员，若妨碍了对方比赛，则犯规，反之则没有犯规。

（4）触网犯规。队员的击球行为触及标志杆以内的球网部分为触网犯规。

（五）拦网犯规

（1）过网拦网。在对方进攻性击球前或击球时，在对方空间拦网触球为过网拦网犯规。

（2）后排队员拦网。后排队员靠近球网，将手伸向高于球网处阻拦对方来球，并触及球，为后排队员拦网犯规。

（3）拦发球。拦对方发过来的球为拦发球犯规。只要队员在球网附近，手高于球网上沿阻拦对方发过来的球，不论拦起、拦死，只要触球即为犯规。

（六）进攻性击球犯规

进攻性击球犯规有两种情况：一是后排队员在前场区内或踏及进攻线（或其延长线），击整体高于球网上沿的球并使球的整体由过网区通过球网垂直面或触及对方拦网队员，为后排队员进攻性击球犯规；二是对处于前场区内对方发过来的并且整体高于球网的球，完成进攻性击球，为犯规。

四、暂停和换人

（一）暂停

排球比赛赛制为五局三胜制，前 4 局中当一方先达到 8 分或 16 分时进入技术暂停，技术暂停时间为 1 分钟，而每队在一局中还有两次暂停机会，每次暂停 30 秒，因此，前 4 局中每局最多可有 6 次暂停，总时长最多为 4 分钟。

（二）换人

排球比赛的每一局中，每队可以请求 6 人次换人，而每次换人时不限制换人人数，但每人只能被换上或换下 1 次。

五、后排自由防守队员的相关规定

后排自由防守队员不能担任队长和场上队长。世界大赛中每队队员可增至 14 名，但超出 12 名的队员必须是后排自由防守队员。

后排自由防守队员必须穿与其他队员不同颜色（或不同款式）的上衣。

后排自由防守队员可以在比赛中断或裁判员鸣哨发球之前，从进攻线和端线之间的边线处自由进出，换下任一后排队员，不需要经过换人过程，也不计在正常换人次数之内，其换上换下次数不限，但在其换上换下两次之间必须经过一次发球比赛过程。

后排自由防守队员不得发球、拦网和试图拦网。

后排自由防守队员在任何地区（包括比赛场区和无障碍区）都不得将高过球网上沿的球直接击入对方场区。

后排自由防守队员在前场区及前场区外无障碍区进行上手传球，当传出的球的整体高于球网上沿时，其他队员不得进行进攻性击球。当他在后场区及后场区外无障碍区上手传出的球高于球网上沿时，其他队员可以进行进攻性击球。

第七章　羽毛球运动

本章介绍羽毛球运动的起源与发展、特点和作用、主要赛事、比赛规则等基础知识，并详细讲解羽毛球运动的基本技术和基本战术。

第一节　羽毛球运动概述

本节介绍羽毛球运动的起源与发展、特点与作用及主要赛事。

一、羽毛球运动的起源与发展

羽毛球运动起源于英国。1992 年第 25 届奥运会，羽毛球正式成为比赛项目，从此羽毛球运动翻开了新的篇章。

二、羽毛球运动的特点与作用

羽毛球运动是全身、全方位、简便的运动项目。其作用是提高耐力、提高反应能力、提高人体神经系统的灵敏性和协调性。

三、羽毛球运动主要赛事

目前世界上主要的羽毛球赛事有世界羽毛球锦标赛、世界杯羽毛球赛、奥运会羽毛球比赛、国际系列大奖赛、全球华人羽毛球锦标赛等。

第二节　羽毛球运动的基本技术

本节介绍羽毛球运动的基本技术，包括握拍方法、发球技术、接发球技术、击球技术和基本步法。

一、握拍方法

羽毛球拍的握拍方式有右手握拍和左手握拍，下面介绍的握拍方法均以右手握拍为例。

（一）正手握拍法

如图 7-1 所示，右手虎口对准拍柄斜棱上的第二条棱线，然后握住拍柄，大拇指和食指贴在拍柄两侧的宽面上，其余 3 指自然握住拍柄。拍柄与掌心不要贴紧，应留有空隙。

（二）反手握拍法

如图 7-2 所示，将大拇指伸直，用其第一指节内侧顶贴在拍柄内侧的宽面上，用大拇指和食指将球拍稍向外转，中指、无名指、小指紧握拍柄，拍柄端紧靠小指根部。

图 7-1　正手握拍法

图 7-2　反手握拍法

二、发球技术

发球可分为正手发球和反手发球。根据球在空中的飞行弧度，发球又可分为发高远球、发平快球、发平高球和发网前球 4 种。下面介绍的发球技术均以右手握拍为例。

（一）正手发球

（1）发球准备姿势。如图 7-3 所示，两脚自然开立约与肩同宽，距离中线约 30 厘米，身体重心放在右脚。

（2）正手发高远球。如图 7-4 所示，左手把球举在身体的右前方并自然放下，使之下落，右手持拍由大臂带动小臂，从右后方沿着身体向前左上方挥动。

图 7-3　发球准备姿势

图 7-4　正手发高远球

（3）正手发平高球。发球的动作过程和发高远球大致相同，但在击球的一刹那，小臂加速带动手腕向前上方挥动，拍面要向前上方倾斜，以向前用力为主。

（4）正手发网前球。击球时，握拍要松，大臂动作要小，依靠小臂带动手腕向前切送，用力要轻，手指控制力量，球擦网而过，落在对方前发球区内。

（二）反手发球

（1）反手发平快球。如图 7-5 所示，左手放球的同时，右臂以肘为轴，前臂内旋，展腕由后向前弧形挥动。击球时屈指收腕发力，将球向前上方击出，拍面约与地面垂直。

图 7-5 反手发平快球

（2）反手发网前球。站位接近前发球线，右脚在前，左脚跟提起，右手反手持拍于腹前，屈腕屈肘，左手捏球斜放在球拍前。发球时，球拍由后向前推送击球，使球运行的弧线最高点略高于网顶，使球落到对方场区的前发球线附近。

三、接发球技术

接发球是羽毛球运动中一项重要的基本技术，接发球质量的好坏往往直接影响一个回合的主动与被动。接发球分为接高远球和接网前球两类。不同情况下采用的具体技术将在击球技术中详细介绍。

（一）接高远球

采用后退步法移动到后场击球点的位置，根据来球高度和接发球主被动情况，可采用平高球、吊球或杀球的击球技术还击，不管采用何种接高远球技术，击球前的动作均应保持一致。

（二）接网前球

采用上网步法移动到网前击球点的位置，根据来球高度和接发球主被动情况，可采用放网前球、搓球、挑球、推球和勾球等击球技术还击，击球前的准备动作应保持一致。

四、击球技术

击球技术分为正手和反手两种，按区域还可分为后场击球技术、中场击球技术、前场击球技术，具体介绍如下。

（一）后场击球

1. 高远球

高远球是自后场打到对方后场端线经过高空飞行的球。击高远球分为正手击高远球和反手击高远球两种。

（1）正手击高远球。左肩对网，左脚在前，右脚在后，重心在右脚上。左臂屈肘，左手自然高举，右手持拍，手臂自然弯曲，将球拍举在右肩上，两眼注视来球。击球时，右上臂后引，随之肘关节上提至明显高于肩部，将球拍后引至头部，自然伸腕，拳心朝上；然后在后脚蹬地、转体收腹的协调用力下，以肩为轴，上臂带动前臂快速向前上方甩腕，在手臂伸直至最高点时击球；击球后，持拍的手臂顺惯性往前左下方挥动并收拍至体前，与此同时，右脚向前迈出，身体重心由后脚移到前脚上。

（2）反手击高远球。击球前，迅速换成反手握拍法，持拍于右胸前，拍面朝上。击球时，以上臂带动前臂，通过手腕的闪动，自下而上地甩臂，将球击出。

2. 平高球

准备姿势同正手后场高远球，但击球点较高远球靠前，是以击出飞行弧线比高远球低，但对方举拍又拦截不到，落点在对方端线附近场区内的击球技术。

3. 杀球

杀球是把对方击来的球在尽量高的击球点上斜压下去。杀球分为正手杀球、反手杀球、头顶杀球三种。

（1）正手杀球。准备姿势和动作要领与正手后场击高远球大体相同。脚步到位后，屈膝下降重心，准备起跳。侧身起跳时，往右上方提肩带动上臂、前臂和球拍上举，以便向上伸展身体。起跳后，身体后仰挺胸成反弓形。接着右上臂往右后上方摆起，前臂自然后摆，手腕后伸，前臂带动球拍由上往后下方挥动，这时握拍要松。随后凌空转体、收腹，带动右上臂往右上方摆起，肘部领先，前臂全速往前上方挥动，带动球拍高速前挥。当击球点在肩的前上方时，前臂内旋，腕前屈微收，闪腕发力杀球。这时手指要突然抓紧拍柄，把手腕的爆发力集中到击球点上。球拍和击球方向的夹角小于90°，球拍正面击球托的后部，使球直线下行。

（2）反手杀球。准备姿势和动作要领与反手击高远球相同，不同点是击球前挥拍用力要大，击球瞬间球拍与杀球方向的夹角小于90°。

（3）头顶杀球。准备姿势和动作要领与正手后场击高远球相同，不同点是击球点在偏左肩上方，击球瞬间全力击球。

4. 吊球

吊球是自后场还击到对方前场向下坠落的球。吊球分为正手吊球、反手吊球和头顶吊球3种。

（1）正手吊球。准备姿势和前期动作同正手后场击高远球。只是击球时拍面稍向内斜，手腕做快速下压动作，击球托的后部和侧后部。

（2）反手吊球。准备姿势和前期动作同反手击高远球，不同点在于击球时对拍面的掌握和力量的运用。吊直线球时，用球拍反面切削球托的后中部，向对方的右半场网前发力；吊斜线球时，用球拍反面切削球托的左侧，朝对方左半场网前发力。

（3）头顶吊球。准备姿势和前期动作大致同正手后场击高远球。头顶吊斜线球时，中指、无名指和小拇指屈指转动拍柄，使球拍内旋，拍面前倾，以斜拍面击球托左侧部位。头顶吊直线球时，球拍击球托的正中部位。

（二）中场击球

1. 挡网

挡网可分为正手挡网和反手挡网两种。

（1）正手挡网。采用中场移动步法向右侧移动，身体右倾，手臂右伸，前臂外旋，手腕外展。击球时，前臂内旋带动球拍由右下方向前上方推送击球，将球直线推向网前。

（2）反手挡网。采用中场移动步法向左侧移动，身体左转前倾，右肩对网。击球时，根据对方来球的速度，大拇指发力，以前臂带动球拍由左下方向左前方挥动，轻击球托，将球直线挡回网前。

2. 抽球

抽球是击球速度较快的进攻技术，要求击球平飞过网，可分为正手抽球和反手抽球两种。

（1）正手抽球。如图 7-6 所示，两脚平行开立稍宽于肩，重心在两脚间，微屈膝收腹，正手握拍举于右肩前。击球前肘关节前摆，前臂稍往后带外旋，手腕稍外展至后伸，引拍至体后。击球时前臂内旋，手腕伸直闪动，手指握紧拍柄，球拍由右后方往右前方高速平扫盖击来球。击球后手左摆，左脚往左前方迈一步，右脚跟一步回到中心位置。

（2）反手抽球。如图 7-7 所示，右脚前交叉在左侧前，重心在左脚上，右手反手握拍在左侧前。击球前，肘部稍上抬，前臂内旋，手腕外展，引拍至左侧。击球时，在髋的右转带动下，前臂外旋，手腕由外展到伸直闪动，挥拍击球托的底部。击球后，球拍随身体的回动收回到右侧前。

图 7-6 正手抽球

图 7-7 反手抽球

（三）前场击球

1. 放网前球

放网前球可分为正手放网前球和反手放网前球两种。

（1）正手放网前球。在右脚向前蹬跨的同时，持拍手于胸前向来球方向伸出，争取较高的击球位置。在伸拍的同时，右前臂外旋，手腕后伸外展，做半弧形引拍动作。击球时手臂稍内旋。手腕由后伸至内收闪动，食指和大拇指夹住拍柄击球托的底部。击球后，右脚掌触地后立即蹬地收回，击球手臂收回至胸前，准备下一次击球。

（2）反手放网前球。方法与正手放网前球相似，不同点是应向左前场转体，向球的方向跨步，并及时转换成反手握拍法，用反手击球。

2. 搓球

搓球是用球拍搓击球的左侧或右侧下部与球托底部，使球向右侧或左侧旋转与翻滚过网。搓球分为正手搓球和反手搓球两种。

（1）正手搓球。侧身对右边网前，正手握拍，球拍随前臂伸向右前上方斜举，至最高点时，前臂向外旋转，手腕由后伸至稍内收闪动，握拍手的食指和大拇指夹住球拍，中指、无名指和小拇指轻握拍柄，使球拍在手腕和手指的挥摆用力下，搓击来球的右下底部，使球旋转翻滚过网。

（2）反手搓球。击球前前臂稍往上举，手腕前屈，手背约与网同高，而拍面低于网顶，反拍面迎球。搓球时，主要靠前臂的前伸外旋和手腕由内收至外展的合力，搓击球的右侧后底部，使球侧旋滚动过网。

3. 扑球

扑球可分为正手扑球和反手扑球两种。

（1）正手扑球。右脚蹬步上网，身体右侧前倾，手举球拍于右肩上方。击球时，利用手腕由后伸到前屈收腕的力量，带动球拍向下击球。如果球离网顶较近，靠手腕从右前向左前“滑动”击球。

（2）反手扑球。右脚跨至左前方，身体右侧前倾，反手握拍举至左前上方。击球时，前臂伸直外旋带动手腕内收至外展，大拇指顶压加速挥拍扑球。若来球靠近网顶，手腕可外展由左向右拉切击球，以免触网。击球后，右脚着地屈膝缓冲，回收球拍于体前。

4. 挑球

挑球是把对方的吊球或网前球挑高反击到对方后场去。挑球分为正手挑球和反手挑球两种。

（1）正手挑球。正手握拍举在胸前，右脚向前跨出一大步，左脚在后，侧身向前，重心在右脚上。同时右臂向后摆，自然伸腕，使球拍后引，然后以肘关节为轴，屈臂内旋，并握紧球拍，用食指和手腕的力量，将球向前上方击出。

（2）反手挑球。反手握拍举在胸前，右脚向左前方跨出一大步，重心放在右脚上。同时右肩向网，屈肘引拍至左肩旁，然后以肘关节为轴，握拍经体前由下往上，用大拇指第一指节压住拍柄的宽面，用力将球击出。

5. 推球

推球是把对方击来的网前球推击到对方的后场两底角。推球可分为正手推球和反手推球两种。

（1）正手推球。站在右网前，球拍向右侧前上举，在肘关节微屈回收时，前臂稍外旋，手腕稍向后侧，球拍随之往右下后摆，拍面正对来球。这时，小拇指和无名指稍松开，使拍柄稍离开鱼际肌，大拇指和食指向外捻动拍柄，拍面更为后仰。推球时，身体稍往前移，右前臂往前伸并带内旋，手腕和手指控制拍面角度，手腕由后伸至伸直并闪腕，食指向前压，小拇指和无名指突然握紧拍柄，将拍子急速地由右经前上至左挥动推球，使球沿边线飞向对方后场底角。

（2）反手推球。站在网左前方，采用反手握拍，前臂往前上方伸举，在前臂稍向左胸前收引，肘关节微屈，手腕外展时，变成反手推球的握拍法，球拍松握，反拍面迎球。当前臂前伸并带外旋，手腕由外展到伸直闪腕，中指、无名指和小拇指突然握紧拍柄，大拇指相压，往右前方挥拍时，推击球托的左侧后部，使球沿对角线方向飞行。击球后手臂回收，恢复击球前的准备姿势。

6. 勾球

勾球是在网前回击对角球。勾球分为正手勾球和反手勾球两种。

（1）正手勾球。并步加蹬跨步上右网前，球拍随前臂往右前斜上举。在前臂前伸时稍有外旋，手腕微后伸，握拍手将拍柄稍向外捻动，使大拇指贴在拍柄的宽面上，食指的第二指关节贴在拍柄背面的宽面上，拍柄不触掌心。球拍随着向右侧前挥动，拍面朝着对方右网前。击球时，靠前臂稍有内旋往左拉收，手腕由稍后伸至内收闪腕，挥拍拨击球托的右侧下部，使球向对方网前坠落。

(2) 反手勾球。在身体前移的过程中，球拍随手臂下沉，变成反拍勾球握拍法，拍面正对来球。当来球过网时，肘部突然下沉，同时前臂稍外旋，手腕由稍屈至后伸闪腕，大拇指内侧和中指把拍柄往右侧一拉，其他手指突然握紧拍柄，拨击球托的左侧后部，使球沿对角线飞越过网。击球后，球拍往右侧前回收。

五、基本步法

羽毛球运动的基本步法有上网步法、中场移动步法、后退步法。

(一) 上网步法

上网步法是从场地中心位置移动到网前击球的步法，包括交叉步上网、并步上网两种。

(1) 交叉步上网（正、反手）。又称三步上网步法。右脚先迈出一小步，左脚立即向右跟上，左脚落地后，脚内侧用力蹬离地面，右脚向网前跨一大步成弓步，重心在前脚。击球后，前脚朝后蹬地，利用小步、交叉步或并步退回。

(2) 并步上网（正、反手）。右脚向前（或向后）移动一步后，左脚向右脚跟并一步，紧接着右脚再向前（或向后）移动一步。

(二) 中场移动步法

从中心位置向左右两侧移动到击球点进行击球的步法，称为中场移动步法。移动前的准备姿势和站位同上网步法类似。

(1) 向右侧移动步法。以左脚前脚掌为轴，左脚掌内侧用力起蹬，右脚向右跨出一大步，重心落在右脚上，脚尖偏右侧，以脚趾制动，上体略向右倾倒，做正手击球。击球后，以右脚前脚掌回蹬，回到中心位置。

(2) 向左侧移动步法。右脚掌内侧用力起蹬，同时向左转髋，左脚向左跨出一步，重心落在左脚上，脚尖偏向左侧，以脚趾制动，上体略向左侧倒，做反手击球后，左脚前脚掌回蹬，回到中心位置。

(三) 后退步法

从中心位置移动到后场每个击球点的位置上进行击球的步法，称为后退步法。后退步法分为正手后退步法和反手后退步法两种。

1. 正手后退步法

正手后退步法分为交叉步后退步法、正手跨步后退步法、头顶后退步法三种。

(1) 交叉步后退步法。右脚快速地向右后撤一小步，同时上体右转，以左肩对网，紧接着左脚经右脚右后，交叉后撤一步，右脚再向后移到来球位置。当右脚着地时，迅速向上蹬，使击球点增高，同时左脚向身后伸出。当击球完成时，左脚以前脚掌先着地，然后右脚着地，左脚着地时要缓冲，动作连贯。

(2) 正手跨步后退步法。右脚用力蹬地，向右转体，右脚向来球方向跨出一步，右脚着地同时左脚迅速经右脚外侧移动一步，然后右腿向来球方向跨一大步，右臂向右后侧引拍，脚着地的刹那间出手击球。完成击球后，身体重心移至右脚，同时右脚前脚掌内侧蹬地，采用并步或交叉步回到球场中心位置成准备接球姿势。

（3）头顶后退步法。以左脚前脚掌为轴，右脚向右后蹬转，同时向左后方撤一步，上体稍有后仰，紧接着左脚用并步或交叉步后退，右脚再退至来球位置，用头顶球技术击球。完成击球后，采用并步或交叉步返回球场中心位置成准备接球姿势。

2. 反手后退步法

反手后退时，应根据离球距离的远近调整移动步子。如离球较近，可采用一步或两步后退步法；如离球远，则要采取三步或五步后退步法。

（1）一步或两步后退步法。以左脚为轴，身体左转，右脚向左后方跨出一步，背对球网回击球，这是一步后退步法。两步后退步法包括两种情况：一种是左脚先向左后方撤一步，其后动作与一步后退步法相同；另一种是右脚先经左脚后引一步，然后左脚向左后方跨一步，同时上体左转，右肩对网移至反手击球位置。

（2）三步或五步后退步法。三步后退步法指右脚先向左脚并一步，紧接着左脚向左后方撤一步，同时上体左转，右脚再向左后方跨一步至来球位置，背对球网，做反手击球。如果三步移动还原到击球位置，则左右脚再向后各移动一步，即成五步移动步法。

第三节　羽毛球运动的基本战术

本节讲解羽毛球运动的基本战术，主要包括单打基本战术、双打基本战术和混合双打基本战术。

一、单打基本战术

单打基本战术包括拉吊突击进攻战术、发球抢攻战术、守中反攻战术、杀上网战术和压底线战术。

（一）拉吊突击进攻战术

拉吊突击进攻战术是利用快速的平高球、吊球、杀球和网前搓、推、勾球，准确地将球击到对方场区的后场底线两角和前场网前两角这 4 个点上。运用这种战术，击球的落点角度要大、速度要快，充分调动对方，使其最大限度地移动，抓住机会进行快速突击，以取得较好的战术效果。

如果对方的灵活性较差，跑动、转动较慢，那么吊拉时可多采用小对角线路球，加大对方接球的难度，迫使其身体重心不稳而失误。如果对方步法好、身体较灵活且移动速度快，则其出球后回中心位置很快，此时可选择重复路线的球，或使用假动作以破坏其步法起动节奏，增加回球难度，使其起动、移动不舒畅，以减弱其前后场快速移动的优势。如果对方步法移动慢，可采用快速拉前、后场大对角路线的战术，即通过不断快速拉开调动对方。

（二）发球抢攻战术

发球抢攻战术是根据对方的站位、反击能力、回击球的路线和当时的思想状态等因素，有目的、有意识地采用多变的发球。这种战术用于对付经验不足或防守能力较弱的对方比较有效。此外，当比赛进入关键时刻，或比赛进入相持阶段时，也可打破常规，通过突然改变发球方式形成发球抢攻之势。

(三) 守中反攻战术

守中反攻战术是一种后发制人的战术。通过先将各种来球回击至对方后场，以诱使对方发起进攻，在对方只顾进攻而疏于防守时，己方即可采取突击反攻，或当对方疲于进攻、体力耗尽、速度减慢时，己方再发起进攻。这种战术的特点是通过高球、推球和适当的吊球、搓球、勾球等球路变化，与对方展开持久的抗衡，诱使对方产生急躁情绪，造成失误，或当对方陷于被动、进攻质量稍差时，己方即抓住有利时机进行反攻，利用对方接发球的规律特点发球，利用发球动作迷惑对方。

(四) 杀上网战术

杀上网战术是先在后场以杀球配合吊球把球下压，落点要选择在场地两边，使对方被动回球，若对方以网前球还击，己方迅速上网以搓球、勾球或快速平推的方式进行扣杀。

(五) 压底线战术

压底线战术指反复用快速的高球、平高球、推球将球击至对方底线附近，特别是对方反手后场区域，造成对方失误，或者导致注意力集中在后场，此时再以快吊或突击点杀进攻其前场空当。用此战术对付初学羽毛球的选手较有效，因为初学者一般技术不熟练，特别是反手后场的还击能力差，进攻后场往往容易奏效。

二、双打基本战术

(一) 双打站位

双打的站位有两种：一是前后站位；二是平行站位。平行站位又可分为平行分边站位和分边压网站位。

(二) 攻中路战术

当对方在防守状态下左右分边站位时，己方进攻要尽可能把球攻到对方两人之间的中场空当区域，造成对方抢击球发生碰撞，或相互让球出现漏接失误，这是攻中路战术。攻半场战术是攻中路战术的另一种形式，当对方处于进攻状态下两人前后站位时，可将球回击到其中场两人前后之间的靠近边线位置上，这样也能造成对方抢接或漏接。

(三) 攻人战术

如果对方两人中有一人技术水平稍差，可集中力量盯住弱者进攻，不让其有调整的机会，这叫攻人战术。攻人战术也可采用先集中力量对付技术水平较高者，消耗其体力，削弱其战斗力，然后伺机进攻技术水平较差者，或采用突击其空当的战术。

(四) 后杀前封战术

当己方处于主动状态，进行强攻时，一名选手在后场大力杀球进攻，另一名选手在网前，努力封堵对方回击的球，这称为后杀前封战术。一般情况下，当后场选手杀大对角线、中路、小斜线或采用攻人战术时，前场封网选手都应将判断来球的重点放在封住对方的直线球上。

(五) 守中反攻战术

守中反攻战术是对付后场进攻能力差或是消耗对方体力而采用的一种后发制人战术。通过拉后场底线两角诱使对方在左右移动中进攻，己方通过防守，伺机进行反攻，这叫守中反攻战术。运用这种战术的前提条件是己方具备一定的防守能力。

三、混合双打基本战术

混合双打是由一名男选手和一名女选手搭配组成的双打，基本技术、基本战术同双打相似。但在具体运用战术的方式上与双打有所不同，突出表现在两点：一是站位与双打不同，混合双打中女选手主要站前场，负责封住网前小球，男选手负责中后场的大范围区域，形成男选手在后、女选手在前的基本进攻队形；二是混合双打中女选手往往是被攻击的目标，女选手可采用回击对角线路球来限制和摆脱对方强有力的进攻。

第四节　羽毛球运动的比赛规则

本节介绍羽毛球运动的比赛规则，包括比赛场地、器材、计分规则、单打比赛规则、双打比赛规则等方面。

一、场地和器材

（一）羽毛球比赛场地

羽毛球比赛场地为一长方形场地，长为 12.40 米，双打场地宽为 6.10 米，单打场地宽为 5.18 米。羽毛球比赛场地横向被中线平分为左右两个半区，纵向被分为前场、中场、后场。场地外面两条边线是双打场地边线，里面的两条线是单打场地边线。在羽毛球单打和双打比赛中，单打和双打的界线是不一样的。在边线中，单打界线是内线，双打界线是外线，而在端线中，单打和双打的界线都是外面的线。球网长 6.10 米，宽 76 厘米，每个网孔为 1.9 厘米 ×1.9 厘米，用优质的深色细线织成。

（二）羽毛球与球拍

（1）羽毛球。球可由天然材料、人造材料或混合材料制成。用天然材料制成的球，应有 16 根羽毛固定在球托上，羽毛球直径为 25 ~28 毫米，球托底部为球形，球的质量为 4.74 ~5.50 克。用其他材料制成的球，其飞行性能应与用天然材料制成的球的性能相似，尺寸和质量应与用天然材料制成的球相同，但由于其他材料与天然材料在密度、性能上存在差异，故允许不超过 10% 的误差。

（2）羽毛球拍。球拍长不超过 680 毫米，宽不超过 230 毫米。球拍由拍柄、拍弦面、拍头、拍杆组成。

二、计分规则

羽毛球比赛的计分规则：21 分制；每球得分制；每回合中，取胜的一方加 1 分；当双方均为 20 分时，领先对方 2 分的一方赢得该局比赛；当双方均为 29 分时，先取得 30 分的一方赢得该局比赛；一局比赛的获胜方在下一局率先发球。

三、单打比赛规则

单打比赛规则：发球员的分数为 0 或双数时，双方运动员均应在各自的右发球区发球或接发球；发球员的分数为单数时，双方运动员均应在各自的左发球区发球或接发球；球发出后，由发球员和接发球员交替对击直至“违例”或“死球”；接发球员违例或因球触及接发球员场区内的地面而成死球，发球员得 1 分；发球员违例或因球触及发球员场区内的地面而成死球，发球员失去发球权。

四、双打比赛规则

双打比赛规则：一局比赛开始和每次获得发球权的一方，都应从右发球区发球；只有接发球员才能接发球，如果他的同伴去接球或被球触及，发球方得 1 分；自发球被回击后，由发球方的任何一人击球，然后由接发球方的任何一人击球；自发球被回击后，运动员可以从网的各自一方任何位置击球；接发球方违例或因球触及接发球方场区内的地面而成死球，发球方得 1 分，原发球员继续发球；发球方违例或因球触及发球员场区内的地面而成死球，原发球员即失去该次发球权，双方均不得分；每局开始首先发球的运动员，在该局本方得分为 0 或双数时，都必须在右发球区接发球或发球，得分为单数时，则应在左发球区接发球或发球；发球必须从两个发球区交替发出。

第八章　网 球 运 动

网球是一项古老时尚的体育运动，它与高尔夫、保龄球、桌球并称为“世界四大绅士运动”，每年在澳大利亚、法国、美国等国家举办的网球赛事都吸引了众多来自世界各地网球爱好者的目光。

第一节　网球运动概述

本节介绍网球运动的起源与发展、特点与作用及主要赛事。

一、网球运动的起源与发展

网球运动起源于法国的北部。1896 年在第一届奥运会上，网球男子单打与双打被列为正式比赛项目。现今，网球运动更为普及，并朝着更强力量、更高速度及综合型方向发展。

进入 21 世纪后，我国女子网球在世界上取得了不俗的成绩，李婷与孙甜甜在 2004 年雅典奥运会上夺得女双金牌，李娜在 2011 年夺得法国网球公开赛女子单打冠军，在 2014 年夺得澳大利亚网球公开赛女子单打冠军，刷新了我国乃至亚洲的网坛历史。这些成绩在我国激起了网球热潮，推动了我国网球的发展，为网球在我国的发展开创了一片新天地。

二、网球运动的特点与作用

网球运动之所以受大众喜欢，其中一个重要原因就是网球运动具有一些独特之处。网球运动的特点包括普及性、休闲娱乐性、全面发展性、独特的文化性等。经常参与网球运动可以增强体质，促进健康，还能培养顽强的意志和作风，增进友谊，愉悦身心，陶冶情操。

三、网球运动的主要赛事

目前世界上主要的网球运动赛事包括澳大利亚网球公开赛、法国网球公开赛、温布尔登网球公开赛、美国网球公开赛。

第二节　网球运动的基本技术

一、握拍

握拍是一切击球方式的基础。网球常用的握拍方式有东方式握拍法、大陆式握拍法、西方式握拍法、半西方式正手握拍法、双手反手握拍法。如图 8-1 所示，以下将拍柄分为

8 个面，1 为顶面，2 为右上面，3 为右垂直面，4 为右下面，5 为底面，6 为左下面，7 为左垂直面，8 为左上面，以掌根、食指和食指掌指关节作为握拍的 3 个参考点，来描述握拍时手在球拍 8 个面的位置或角度。

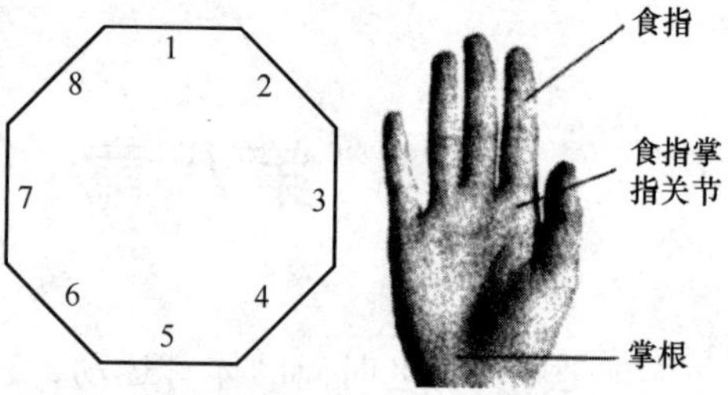

图 8-1 握拍的关键点

（一）东方式握拍法

（1）东方式正手握拍法。掌根和食指掌指关节置于 3 号面（右垂直面），食指伸出且分离。该握拍法的优点是容易发力，易击打高球及腰部高度的来球，适用于不同场地，击球时拍面能获得更大的受力支撑，适用于初学者正手击球的学习；缺点是不利于切、削球，较难打出技巧球和轻击球，不适合击打高球。

（2）东方式反手握拍法。掌根和食指掌指关节在拍柄上部，通过握拍手向内转动 1/4 周。该握拍法的优点是可以给手腕提供良好的稳定性，打出的球可以略带旋转，或直接打出很有穿透力的球。缺点是不适合打高于肩部的上旋回球。

（二）大陆式握拍法

掌根和食指掌指关节都在 2 号面（右上面），食指伸出分离。该握拍法的优点是能较好地处理低球，适合切、削球，无须转换握拍，适合各种击球，可灵活运用，利于打轻击球及正手滞后球；缺点是不利于击打高球，且相比于东方式握拍法，其上旋球技术更难掌握。

（三）西方式握拍法

食指掌指关节和掌根在 5 号面（底面）。该握拍法的优点是利于打出强烈的上旋球，能够击出高质量的高球；缺点是处理低球相对困难，握拍转换较大。

（四）半西方式正手握拍法

食指掌指关节和掌根放在 4 号面（右下面），食指伸出且分离。该握拍法的优点是利于打出上旋球；在使用较大的力量时，依然能保证击球的稳定性；适用于打穿越球以及做假动作。缺点是不适合打出有力的低球，较难处理下旋球，反手击球时需要转换较多握拍，无法用于发球和截击球。

（五）双手反手握拍法

双手反拍握拍法在左右手握拍上有各种各样的组合。现在绝大多数的运动员使用以下三种双手反拍握拍方式：

（1）右手大陆式握拍，左手东方式握拍。

（2）右手东方式握拍，左手东方式正手握拍。

（3）右手东方式反手握拍，左手东方式正手握拍。

二、基本站位与步法

（一）基本站位

网球运动的基本站位有中间式和开放式两种。

（1）中间式。前后脚连线垂直于球网，如图8-2所示。中间式站位适用于需要上步击打浅球的情况。

（2）开放式。击球时，两脚平行站立，以前脚掌为轴，转胯转体形成击球步法，如图8-3所示。这种站位通常在有一定技术基础的前提下运用。

图8-2 中间式

图8-3 开放式

（二）基本步法

网球中常用的步法有分腿垫步、并步、交叉步，一般会组合运用，很少单一出现。

三、平击球

（一）正手平击球

正手平击球的特点是力量大、速度快，并能打出足够的旋转，在比赛中使用较多，是主要的得分手段。

如图8-4所示，双脚站立与肩同宽，微微屈膝屈髋，两眼注视前方来球，做好击球前准备。后摆引拍时，手腕稍上翘使拍头高于手腕，并引拍至与头部同高。挥拍时手腕相对固定握拍，以减少拍面挥动过程中的变化。击球时拍面与地面保持垂直并以同样拍面继续前挥。击球后，球拍向前挥动于左肩上方自然收拍。

图8-4 正手平击球

（二）反手平击球（单手握拍）

反手平击球的特点是球速快，球的飞行路线比较平直，球落地后的前冲力量大。

如图8-5所示，后摆引拍时右脚向左侧前方跨出并用力踏地，屈膝降低重心。击球时手腕绷紧，使球拍与地面垂直。挥拍击球的路线是从后向前上方比较平缓地挥击，同时左臂自然展开留在身后，保持身体的平衡。击球后，球拍应随着惯性挥至右肩上方，持拍手臂挥直。

图8-5 反手平击球

（三）双手反手击球（双手握拍）

双手反手击球的准备姿势与正手平击球相同，转肩引拍的同时快速转换至双手握拍，转动躯干，同时向后引拍，拍头指向后方，使右肩前探侧身对网，手腕固定球拍稍稍低于击球点，右脚向左前方跨一步，重心落在左脚，击球点相对反手平击球略靠后，球拍由髋部高度向前、向上挥出，重心前移至右脚，球拍随躯干转动挥向右肩，肘部上抬，胸部打开，然后迅速回到准备姿势，如图8-6所示。

图8-6 双手反手击球

四、发球和接发球

（一）发球

（1）平击发球。平击发球的击球点应在身体的右前上方，击球的后上部，挥拍时“鞭击”动作发力要集中，充分向上伸展身体以获得最高的击球点来提高命中率，如图8-7所示。

（2）切削发球。切削发球是一种以右侧旋转（稍带上旋）为主的发球法，球抛在右侧前上方，球拍击球部位在球的右侧偏上方，整个挥拍动作是从右侧上方至左下方，使球产生右侧旋转，如图8-8所示。

图 8-7　平击发球

图 8-8　切削发球

（3）上旋发球。上旋发球时，抛出球的位置在头后偏左的头上方；拍面的触球点在球的中部偏下方；击球时身体成弓形，利用杠杆力量对球施加旋转，球拍快速从左向右上方挥动，并从下向上擦击球的背面，使球产生右侧上旋，如图 8-9 所示。

图 8-9　上旋发球

（二）接发球

接发球的动作分解如图 8-4 所示。在准备接发球时，重心应比正常的击球准备动作低。在对方抛球后，击球之前，一般采用左脚上步式垫步或直接垫步。垫步之后，快速对来球做出反应，直接侧身，采用小引拍甚至无须引拍，握住球拍将球击出。

五、截击球

（一）正手截击球

如图 8-10 所示，面对来球，提前分腿垫步，侧身时保持开放式站位，球拍位置在身体斜前方 30°，视线刚好能看到拍面，持拍手的手腕高度保持与肩部平行，同时拍面略微向上打开。击球时，右脚蹬地，左脚向右前方上步，同时手臂持拍向前推送，击球结束后球拍停住的位置与左脚落地点几乎重合。

图 8-10　正手截击球

（二）反手截击球

如图 8-11 所示，侧身动作与正手截击球基本相似，转体后保持双手持拍，左手辅助扶住拍喉部位，右手持拍，持拍手腕高度与肩部平行，拍面正对球网略向后打开。击球时，左脚蹬地，右脚向左前方上步，同时双手分开，做类似于画“八”字的扩胸运动，击球后球拍几乎与地面平行，且位置与右脚重合。

图 8-11　反手截击球

六、削球

（一）正手削球

正手削球指以底线正手切削方法击出下旋球。后摆引拍时，直线将球拍引至身体后侧，动作较小。挥拍时手腕固定握拍，使拍面斜向地面稳定前挥。击球时用斜向地面的拍面以切削动作在身体侧前方击球。击球后球拍随球前送，并在身体前方以左手扶拍结束动作，如图 8-12 所示。

图 8-12　正手削球

（二）反手削球

反手削球又称为反手下旋球，一般是防御性的。如图 8-13 所示，削球时挥拍不要过于用力，击球后拍面向上做托盘状运动。击球后，让球拍平稳向前运动一段距离。下旋球的好处是击出的球向下旋转，飘向对方场区后回弹高度较低，落地后还可向前滑行。

图 8-13 反手削球

七、上旋球

(一) 正手上旋球

正手上旋球是从网球的后下方向前上方挥拍，使整个球体受摩擦，产生一种从后下方朝前上方的旋转，如图 8-14 所示。其特点是飞行弧线高，落地迅速，落地后弹起的反射角度较小，产生较大的前冲力。

图 8-14 正手上旋球

(二) 反手上旋球 (双手)

反手上旋球需要在击球前将手腕放松，拍头自然下垂，球拍从网球中下部位置由低至高并向前挥出，击球点高度在髋部与膝盖之间。相比反手平击球，反手上旋球能产生强烈的旋转，击球稳定性更高，如图 8-15 所示。

八、高压球

面对高压球时，首先需要快速侧身，然后用左手指球，持拍手大陆式握拍且手臂动作与发球动作一样，呈“L”形，如图 8-16 所示。在判断好球的大概落点后，采用交叉步侧身移到来球下方，再用小侧步调整，等待击球时机。在击球以前，一定要用左手指球，这样既有助于准确判断来球的位置，又有助于保持身体的平衡。

图 8-15 反手上旋球

图 8-16 高压球

九、球感

球感指球员在击打各种来球时，对击球过程具有可控性的感知程度。球感练习可从两个方面进行，即徒手球感练习和持拍球感练习。徒手球感练习可采用原地抛球、对墙抛接球、原地双手交替拍球、两人面对面抛接球、两手同时抛接球等方法；持拍球感练习可采用原地颠球、用球拍将地上的球拍起、拍面与拍框交替颠球、对墙颠球、双人对颠等方法。

第三节 网球运动的基本战术

网球运动的基本战术可分为单打战术和双打战术，下面进行详细介绍。

一、单打战术

（一）变换发球位置

一个聪明的球员应知道通过改变发球的位置来取得优势。因为这种战术迫使对方必须从不同角度判断不同旋转的球，回球的难度较大。

（二）发球上网战术

发球上网是利用发球的力量进行主动进攻，先发制人，然后上网抢攻的战术。它是上网型选手在比赛中的主要得分手段。

（三）接发球破网战术

对付发球后直接冲到网前的球员，打出大角度的空当球是相当有效的破网方法。

（四）攻击对方反手

众所周知，绝大部分球员的反手是比较弱的，只要加大力量攻击对方反手，迫使对方逐步离开场区的位置，就可掌握主动权。

（五）不上网战术

发球或接发球后，如果自己不上网，则应该把对方控制在端线后面，使对方难以找到得分的机会。

二、双打战术

双打的比赛体系和规则与混合双打是一样的，下面叙述的战术不仅适用于双打，还适用于混合双打。

（一）站位

双打的站位有很多，常见的有正常站位、I 式站位、双底线站位等，可根据自身技术特点和实际情况自由选择站位。

正常站位：一名球员在底线，一名球员在网前。

I 式站位：一名球员在底线，一名球员站在网前中线位置。

双底线站位：两名球员同时站在底线位置。

（二）发球上网战术（双打）

运用发球上网抢网战术时，首先网前同伴可以在背后做手势，告诉发球员应发什么落点，抢与不抢，采取此战术可以干扰对方接发球，为发球上网得分及抢网得分创造条件；其次发球员要注意发球质量、成功率和落点的变化。

（三）发球抢网战术

发球抢网战术常常采用 I 式站位，发球方的一名同伴以低姿势在贴近网前中线位置积极准备截击。这样能给接发球方造成很大的回球压力，同时也能迷惑对方，逼迫接发球方回出更高质量的球，加大回球失误率。运用这一战术时，要求同伴具有稳定并且精准的发球技术，发球前提前告知发球落点，帮助网球的同伴提前预判对方回球路线，以确保战术的有效实施。

（四）发球底线战术

发球底线战术常用于发球方的同伴网前技术相对较弱的情况，采用此战术可以避免接发球方对发球方网前造成压迫，但是对发球方的底线技术要求较高。

第四节　网球运动的比赛规则

本节介绍网球运动的比赛规则，包括场地与器材、交换场地、失分、压线球、休息时间、胜 1 分、1 局与 1 盘、决胜局计分制、赛制等方面的内容。

一、场地与器材

（一）网球比赛场地

网球比赛场地是一个平整的长方形地面，长 23.77 米，宽 8.23 米，球网（网的两端高度为 107 厘米，其他部分高度为 91.4 厘米）把全场隔成相等的两个半场，接近球网两边的 4 块相等的区域是发球区，双打场地的两边较单打场地宽 1.37 米。全场除了端线可宽至 10 厘米，其他各线的宽度均不得超过 5 厘米，并且不得少于 2.5 厘米。网球场地可分草地、土地、硬地和塑胶场地等类型。

（二）网球与球拍

网球为白色或黄色，外表毛质均匀，接缝处没有缝线。网球的直径是 6.35 ~ 6.67 厘米，质量是 56.7 ~ 58.5 克。网球从 2.54 米的高处自由落下时，应能在混凝土地面上弹起 1.35 ~ 1.47 米。

网球拍一般由木质、铝合金、碳素等材质制成。网球拍的击球面必须是平的，由弦线上下交替编织或联结组成。拍框和拍柄的总长不得超过 81.28 厘米，总宽不得超过 31.75 厘米。拍框包括拍柄部分，拍框上不应有附属物或设备。在比赛期间，不应有任何可使运动员改变球拍形状或改变其重力分配的设备。

二、交换场地

双方应在每盘的第 1、3、5 等单数局结束后，以及每盘结束双方局数之和为单数时，交换场地。在抢 7 分比赛中，双方分数相加每 6 分交换一次场地。

三、失分

发生下列任何一种情况，均判失分：在球第 2 次着地前，未能还击过网；还击的球触及对方场区界线以外的地面、固定物或其他物件；回击空中球失败；故意用球拍触球超过 1 次；运动员的身体、球拍在还击期间触及球网；过网击球；抛拍击球；发球双失误；击球时人的身体触网。

四、压线球

落在线上的球都算界内球。

五、休息时间

网球运动中的时间有如下规则：

（1）分与分之间，运动员捡到球后直至发出的最大间隔为 25 秒。

（2）单数局结束交换场地时可休息 90 秒。

（3）每盘结束可休息 120 秒。

（4）每盘的第一局结束后，交换场地时不能休息。

（5）在抢 7 分比赛中，双方分数相加满 6 分，交换场地时不能休息。

六、胜 1 分

遇到下列情况时，判对方胜 1 分：发球员连续 2 次发球失误或脚误时；接球员在发来的球没有着地前用球拍击球，或球触及自己的身体及衣物时；在球第2次落地前未能还击过网时；还击球触及对方场区界线以外的地面、固定物或其他物件时；还击空中球失败时；在比赛中，击球员故意用球拍拖带或接住球，或故意用球拍触球超过1次时；“活球”期间运动员的身体、球拍（不论是否握在手中）或穿戴的物件触及球网、网柱、单打支柱、绳（或钢丝绳）、中心带、网边白布或对方场区以内的场地地面；还击尚未过网的空中球（过网击球）；除握在手中（不论单手或双手）的球拍外，运动员的身体或穿戴的物件触球；抛拍击球时；比赛进行中，运动员故意改变其球拍形状；对方发球或回球时出界。

七、1局与1盘

（一）1局

（1）每胜1球得1分，先胜4分者胜1局。

（2）双方各得3分时为“平分”，平分后，净胜2分为胜1局。

（二）1盘

（1）一方先胜6局为胜1盘。

（2）双方各胜5局时，一方净胜2局为胜1盘。

八、决胜局计分制

在每盘的局数为6平时，有以下两种计分制：

（1）长盘制。一方净胜2局为胜1盘。

（2）短盘制（抢7分）。决胜盘除外，除非赛前另有规定，一般应按以下办法执行。

先得7分者为该局及该盘胜（若分数为6平，则一方必须净胜2分）。

首先发球员发第1分球，对方发第2、3分球，然后轮流发2分球，直到比赛结束。

第1分球在右区发，第2分球在左区发，第3分球在右区发。

每6分球和决胜局结束都要交换场地。

九、赛制

网球运动实行淘汰赛。一场比赛中，男子单打比赛除大满贯赛事采用五盘三胜制外，均使用三盘两胜制。女子比赛全部采用三盘两胜制。

第九章 游 泳 运 动

本章主要介绍游泳运动的基础知识、竞技游泳的基本技术和竞技游泳比赛规则。游泳运动的基础知识包括游泳运动的起源与发展、作用、主要赛事以及游泳安全卫生常识、水上救生常识。竞技游泳的基本技术和比赛规则主要包括熟悉水性的基本练习，蛙泳、自由泳、仰泳、蝶泳的动作要领和练习方法，以及技术规定、比赛规定和犯规判罚。

第一节 游泳运动概述

本节主要介绍游泳运动的起源和发展、作用，以及当今主要的游泳赛事。

一、游泳运动的起源与发展

从地球上出现人类的那一刻起，人类的生活就离不开水。人类为了生存，经常跋山涉水；为了捕捉水里的鱼虾，不可避免地要与水打交道；当洪水泛滥时，要与洪水进行生死搏斗。人类正是在与大自然进行斗争的过程中，逐渐学会了游泳。最初，人类只是简单地模仿水栖动物的姿势与动作，在水中简单地移动，久而久之，便掌握了在水中行动的技能，如漂浮、游动、潜水等，进而产生了各种游泳姿势。1896 年举办的第一届奥运会将游泳列为比赛项目之一。第二届奥运会增设仰泳、障碍泳和潜泳比赛。第三届奥运会将游泳比赛的姿势规定为自由泳和仰泳，比赛距离以“码”为单位。1908 年第四届奥运会，成立了国际游泳联合会，并制定了国际游泳比赛规则，同时规定比赛距离统一使用“米”为单位。1996 年第 26 届奥运会和 2000 年第 27 届奥运会，游泳比赛项目达 32 项，游泳成为奥运会比赛金牌数仅次于田径的比赛大项。

二、游泳运动的作用

游泳运动可以强身健体、减肥降脂、延缓衰老、减缓压力、磨炼意志。

三、游泳运动主要赛事

现代国际游泳联合会主办的国际高水平游泳赛事主要有奥运会、世界游泳锦标赛、世界杯短池游泳系列赛、世界短池游泳锦标赛等。我国主办的高水平游泳赛事主要有全国运动会、全国游泳锦标赛和全国游泳冠军赛等。

第二节 竞技游泳的基本技术

本节介绍初学游泳时熟悉水性的方法，以及竞技游泳中蛙泳、自由泳、仰泳、蝶泳的腿部动作、手部动作和完整配合。

一、熟悉水性

（一）站立与水中行走

放松心情，速度平稳，逐渐加速，体会行走过程中身体位置的改变以及如何在行走中保持平衡。

双手扶池边，面向池壁，沿着池壁侧向行走。

单手扶池边，面向游泳池的一端，向前、向后行走。

双手不扶池边，在体侧轻微划水帮助移动和保持平衡。

（二）呼吸

吐气用口和鼻，吸气时主要靠嘴，不要用鼻子。

（1）闭气练习。浅水区，双手扶池边，弯腰，吸气后下蹲低头使头部完全没入水中，10 秒后起身站立。

（2）吐气练习。浅水区，双手扶池边，弯腰，将鼻子和嘴没入水中，同时慢慢吐气，眼睛看着水面的波浪。

（3）呼吸练习。浅水区，双手扶池边，弯腰，吸气后低头没入水中闭气 2 秒左右，用口鼻在水中慢慢呼气，将要吐完气时抬头，在嘴刚露出水面时，用力张大嘴将余气吐出同时吸气。重复吸气、闭气、吐气的连续过程。

（三）漂浮

肩放松，肘伸直，将身体完全舒展，就像趴在床上一样。

（1）扶池边漂浮。浅水区，双手扶池边，吸气低头，双脚离地，使自己的身体完全放松，肩放松，双手轻轻扶住池边即可。

（2）抱膝漂浮。浅水区，吸一口气后低头，轻轻蹬离池底（不要跳），全身抱成一团漂在水面上，如图 9-1 所示。双手松开下压水面，抬头挺身直立，两腿伸直双脚向下踩池底，直立。

图 9-1　抱膝漂浮

（四）滑行

肩放松，手臂、腿自然伸直并拢，身体完全舒展，低头看池底。双手伸直扶打水板，深吸气、低头、身体前倾并屈膝，双脚同时蹬池壁（浅水区一只脚蹬地），两腿并拢向前滑行。

二、蛙泳

（一）腿部动作

1. 动作要点

蛙泳腿部动作包括收腿、翻脚、蹬夹水、滑行 4 个方面。

（1）收腿。屈膝收腿，脚掌沿水面靠近臀部，小腿缓慢收腿，直至两膝与肩同宽，小腿与水面垂直，如图 9-2 所示。

（2）翻脚。膝关节不动，小腿向外翻转，使脚尖向外，脚掌外翻，由后方看成“W”形，如图9-3所示。

（3）蹬夹水。小腿带大腿，向外蹬水紧接着向内夹水，如图9-4所示。小腿的动作路线是2个半圆。在蹬夹水过程中，脚内侧和小腿应当有很大的阻力感；蹬夹水结束时，双腿并拢，两脚成内“八”字形。

（4）滑行。在蹬夹水完成后，两腿放松，保持双腿并拢、两脚尖相对的姿势2秒左右，如图9-5所示。

图9-2 收腿

图9-3 翻脚

图9-4 蹬夹水

图9-5 滑行

2. 陆上模仿

包括陆上翻脚练习和池边坐姿模仿。

（1）陆上翻脚练习。双腿伸直，勾脚后脚腕外转，即为蛙泳腿动作中的翻脚动作。

（2）池边坐姿模仿。眼睛看着自己的腿，按照“收腿、翻脚、蹬夹水、滑行”的步骤进行练习，注意翻脚后要使双腿成“膝关节在内、小腿外翻”的“W”形。

3. 池边俯卧模仿

趴在池边，双手拿一打水板，使双腿在水中、上半身在岸上。按照动作顺序练习，注意体会脚内侧和小腿是否有很大的阻力感。每次滑行结束，做一次呼吸的模仿动作。

4. 水中俯卧模仿

双手持打水板，闭气，使自己漂浮起来，按照动作顺序进行蛙泳腿练习。注意换气的时机是在每次滑行结束，吸气低头后再收腿。

（二）手部动作

1. 动作要点

外划时放松，内划时加速用力，积极前伸，放松滑行。

（1）外划。双臂伸直，双手同时边向外、边向后划至比肩略宽，然后屈臂向后下方划水，如图9-6所示。

（2）内划。双手向后划水至肩下时，手掌转向内，双手加速内划，在胸前合拢，两前臂同时夹紧身体，如图9-7所示。

（3）前伸。双手双臂并拢伸直，伸直的同时低头，如图9-8所示。

（4）滑行。在前伸结束后，保持双臂并拢、低头放松的姿势2秒左右。

2. 陆上模仿

包括陆上站立模仿和池边俯卧练习

（1）陆上站立模仿。站立低头弯腰，双手向前伸直。按照动作顺序进行练习。注意双手在分手向外划水时抬头进行吸气，在前伸的同时低头闭气、吐气。

图 9-6　外划

图 9-7　内划

图 9-8　前伸

（2）池边俯卧练习。趴在池边，腰部以上在水中，腰部以下在岸上。按照动作顺序进行划水与呼吸的配合练习。注意体会双手和小臂内侧是否划到水，是否有阻力感。

3. 水中站立练习

站在浅水区，进行蛙泳手模仿练习。注意体会双手和小臂内侧是否划到水。划水时会带动身体前进，但要注意避免主动向前迈步。

（三）完整配合

1. 动作要点

划水腿不动，收手再收腿，先伸胳膊再蹬腿，并拢伸直漂一会。

2. 陆上模仿

陆上模仿包括陆上俯卧模仿和池边俯卧模仿。

（1）陆上俯卧模仿。趴在地上，按照动作顺序进行练习。跟随口令，“1”划水，“2”收手，“3”收腿，“4”伸手，“5”蹬腿。

（2）池边俯卧模仿。把胸部以上放水里，腿在岸上进行练习，或把腿放在水里，腰部以上在岸上进行练习。口令同陆上俯卧模仿。

3. 水中练习

包括推拉板练习、扶池边练蛙泳配合、憋气配合和分解配合。

（1）推拉板练习。双手抓住打水板，全身伸直俯卧水中，抬头吸气的时候肘关节弯曲，把板子拉到胸前，收腿、翻脚、低头吸气时把板子推出去，肘关节快伸直的时候蹬腿。

（2）扶池边练蛙泳配合（深水池用）。一只手抓住池边，另一只手和腿练习配合，然后换手再做一遍。

（3）憋气配合。减少了呼吸动作，降低了动作难度，比较容易掌握配合动作。

（4）分解配合。从3次蹬腿1次划水过渡到2次蹬腿1次划水，最后完成1次蹬腿1次划水的完整配合。

三、自由泳

（一）腿部动作

如图9-9所示，髋部发力，大腿带动小腿。绷脚尖，双脚成内“八”字形。下踢用力，上抬放松。打腿要做到幅度小、频率快、动作连贯。

图9-9 腿部动作

1. 动作要点

打腿时髋部发力，大腿带动小腿向下打水。打水幅度为30～40厘米。直腿上抬，在脚接近水面时略屈膝关节，由大腿带动小腿向下打水。

2. 池边练习

臀部以上在岸边，从大腿根部开始放在水里，身体伸展俯卧在池边，练习打水。速度由慢到快，重点体会直腿上抬时髋关节的展开拉伸感。

3. 水中练习

全身俯卧水中，两手扶住池边或手持打水板，闭气进行打腿练习。肩要放松，腋下要完全伸展开。

（二）手部动作

手开始划动，头开始转动并慢吐气，手出水时头出水，有力吐气并被动式吸气，随着手在空中移动，头随之转动复原。

1. 动作要点

自由泳手部动作可分为入水及划水、出水及移臂、两臂配合三个方面。

（1）入水及划水。如图9-10所示，手贴近耳朵，在肩的延长线入水。手掌和前臂对准水，沿着身体的中线向后划水至大腿。

（2）出水及移臂。手臂划水结束时成直臂，此时略微转肩，提肩提肘，由肩带动肘关节并顺势带动前臂向前移动，如图9-11所示。

（3）两臂配合。对于初学者，推荐前交叉配合。一手入水伸直时，另一手开始划水，两手在头前有短暂的交接。右手伸直，左手开始划水。

图 9-10 入水及划水

图 9-11 出水及移臂

2. 陆上模仿

站在岸边，弯腰低头。先进行单臂的模仿划水练习，眼睛看着划水的路线是否正确。单臂熟练后，两臂配合练习，逐渐加上呼吸一起练习。每划水 2 ~ 3 次，呼吸 1 次。

3. 水中练习

站在浅水区，面向池壁，双手指尖刚好碰到池壁。练习方法同陆上模仿。

（三）完整配合

身体要保持伸展平直，双臂、双腿并拢伸直，身体要整体转动，不能有侧向的扭动。呼吸是难点，关键在于身体的整体转动配合呼吸，常见的错误是采用蛙泳式的抬头吸气。

1. 动作要点

自由泳配合为 6 次打腿、2 次划水、1 次呼吸，也可采用 3 次划水、1 次呼吸；两臂采用前交叉配合，一手入水伸直时，另一手开始划水，两手在头前有短暂的交接；转头吸气时，该侧的肩也要转动并露出水面，这样有利于呼吸。

2. 陆上模仿

原地踏步，如同在水中不停顿地打腿。跟随口令，边划水边转头慢吐气；手划至大腿，“啪”用力吐气；移臂，眼睛看手，手移至肩平处吸气完毕，随着手入水头复原。

3. 水中练习

水中练习包括扶池边练习和两人配合练习。

（1）扶池边练习。双手扶池边，打腿让自己浮起来，先练习一侧手臂。以右臂为例。左手扶池边始终不动，打腿帮助漂浮，划右臂配合呼吸。手臂的单臂练习熟练后，可以进行双臂的练习，注意双手在池边处进行交叉。

（2）两人配合练习。浅水区，一人练习，一人帮助。练习者打腿漂浮，两臂划水并配合呼吸，同伴在头前拉住练习者一只手，缓慢前进，帮助练习者体会划水和前进的效果。

四、仰泳

（一）腿部动作

直腿下压，屈腿上踢，踢腿要踢直，两脚略并拢，成内“八”字形，如图 9-12 所示。

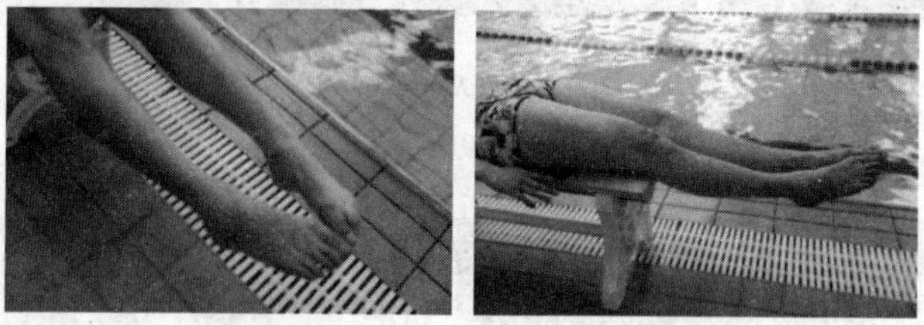

图 9-12 内“八”字形

1. 动作要点

仰泳腿部动作包括下压和上踢两方面。

（1）下压。如图 9-13 所示，大腿带小腿直腿下压，大腿停止继续下压后，小腿和脚在惯性的作用下继续下压，当膝关节成 135°左右时，转入上踢过程。

图 9-13 腿部动作

（2）上踢。大腿带动小腿用力向后上方做踢水动作，在上踢过程中膝关节和脚不能露出水面，两腿的上下打腿幅度为 30 ~ 40 厘米。

2. 陆上模仿

池边仰卧练习。仰卧在池边，臀部以下在水里进行练习。

3. 水中练习

水中练习包括水中抱板练习和水中练习。

（1）水中抱板练习。双手轻轻抱一打水板帮助身体漂浮，伸展身体仰卧于水中进行练习。

（2）水中练习。双手放于体侧，仰卧水中进行练习。此为上一个练习的进阶练习。

（二）手部动作

入水、划水、出水和空中移臂 4 个阶段依次紧密衔接。划水时注意呼吸要有节奏，不能随意呼吸。通常在移臂的时候吸气，在划水时呼气。

1. 动作要点

仰泳手部动作包括入水、划水、出水及空中移臂 3 个方面。

(1) 入水。如图 9-14 所示，掌心朝外，手臂伸直，小拇指先入水。臂的入水位置在肩的正前方。

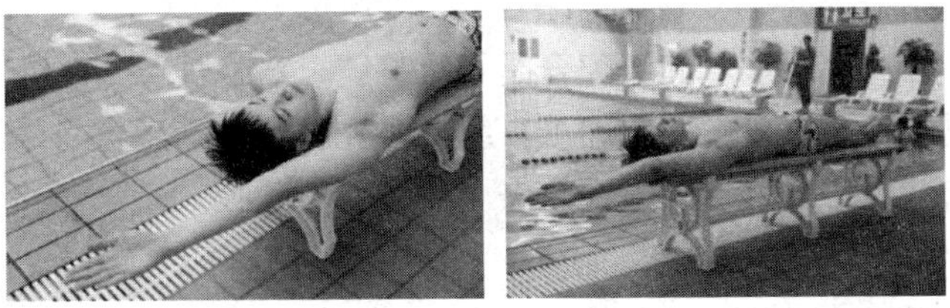

图 9-14　入水

(2) 划水。如图 9-15 所示，手臂入水后，上臂贴近身体，手掌和小臂向外下方划水直至手臂划至大腿附近为止。划水过程中手掌不能露出水面。

图 9-15　划水

(3) 出水及空中移臂。划水结束时手掌贴近大腿，因此大拇指领先出水。此时注意手臂伸直。移臂过程中保持手臂伸直，如图 9-16 所示，当手臂与水面垂直时使掌心向外，手臂贴着耳朵，小拇指先入水。

图 9-16　出水及空中移臂

2. 陆上模仿

陆上模仿包括站立模仿和仰卧池边练习两方面。

(1) 站立模仿。站在岸边，单臂做划水练习，逐渐过渡到两臂配合。

(2) 仰卧池边练习。仰卧在池边，右侧手靠近水边，在水中进行练习；然后换方向，左手练习。

3. 水中练习

二人水中配合练习。同伴坐池边或站在水中，扶住练习者的双腿，帮助其漂浮。练习者仰卧水中做划水练习。

（三）完整配合

身体要保持伸展平直，腰腹挺起来，完全仰卧在水面上，略收下颌。

1. 动作要点

一手入水时，另一手划水。仰泳配合是6次打腿、2次划水。在练习时可以不考虑打腿的次数，只要记住持续打腿不要停即可。练习时先打腿，当感觉身体漂浮起来并且匀速前进时，再加划水。在划水时腿切记不能停。注意调整呼吸。

2. 陆上模仿

站在岸边，两腿原地摆动，模仿打腿动作，两臂配合做划水练习。

3. 水中练习

浅水区，同伴扶住练习者的腰部帮助其漂浮，练习者仰卧水中练习两臂划水配合，逐渐过渡到手腿配合或不需要同伴的帮助。

五、蝶泳

在掌握了蛙泳、自由泳和仰泳技术后，蝶泳技术就相对容易掌握了。蝶泳来源于蛙泳，但在技术上，很多地方却和自由泳相似。

（一）腿部动作

两腿并拢伸直，双脚成内“八”字形，腰背发力，大腿带动小腿做“鞭打”打水动作。

1. 动作要点

如图9-17所示，略微屈膝成120°~130°，绷脚背对准水，大腿带小腿向下快速打水。向下打水结束，大腿直腿上移，在脚后跟刚露出水面时，再次重复向下打水。

(a) (b) (c)

图9-17 腿部动作

（a）向下打水；（b）打水结束，大腿伸直；（c）直腿上移至脚后跟出水，向下打水

2. 陆上模仿

左手扶墙边站立，右手放于腰部，左脚站立，右脚进行单脚的模仿练习。

3. 水中练习

水中练习包括池边练习、俯卧水中练习和打水板练习。

（1）池边练习。深水区，双手扶池边，肩部放松，双腿进行蝶泳腿练习。

（2）俯卧水中练习。俯卧于水面，双手先放于体侧，闭气，连续打蝶泳腿。注意头部不要入水太深，在水面附近并要保持相对稳定。

（3）打水板练习。双手扶打水板进行蝶泳腿练习，注意肩和头部要保持放松稳定，不能乱晃。

（二）手部动作

划水时抬头吸气；空中移臂时，伴随双臂入水，低头闭气。

1. 动作要点

如图 9-18 所示，双手在肩的延长线上由大拇指领先入水；入水后，双臂和肩继续前伸至腋下完全伸展，双臂高肘抱住水在身体下方划向大腿，此时随着划水的进行开始抬头呼吸；双臂沿着身体加速推水至大腿后，顺势小拇指先出水，肘关节保持伸直状态。两臂在水面上前移至入水；伴随双臂在空中移动，低头入水闭气。

图 9-18　手部动作

2. 陆上模仿

站在岸上做双臂与呼吸的配合练习。

3. 水中练习

水中练习包括浅水站立模仿练习和夹板辅助练习。

（1）浅水站立模仿练习。站在浅水区，弯腰低头，进行练习。注意体会双手划水时遇到的阻力。

（2）夹板辅助练习。自己双腿中间夹住一块打水板，进行练习。

（三）完整配合

抬头呼吸的时候主要是借助打腿时划水的力量，顺势抬起上身，不要刻意通过弓腰发力来抬上身。2 次打腿配合 1 次划水、1 次呼吸。

1. 动作要点

手入水的时候，配合第一次打腿，在肩部继续前伸的时候大腿开始上抬。手臂划水到腹部下方时进行第二次打腿。第二次打腿通常是为了帮助身体上升便于抬头换气。

2. 陆上模仿

准备姿势为直立，两臂上举，一条腿配合划水进行蝶泳配合的模仿练习。

3. 水中练习

水中扶板练习。单手扶打水板，进行单手和腿配合的练习。双手交替进行。按照多打腿少划水的原则，由 4 次打腿配合 1 次划水和 1 次呼吸逐渐过渡到 2 次打腿配合 1 次划水和 1 次呼吸。

第三节 竞技游泳的比赛规则

本节介绍竞技游泳比赛规则中对各项技术及比赛进程的规定，并对竞技游泳中的犯规判罚条款进行简单阐述。

一、技术规定

（一）出发的规定与犯规判罚

蛙泳、自由泳、蝶泳、个人混合泳及自由泳接力的比赛必须从出发台出发。仰泳比赛、混合泳接力比赛的第一棒，必须从水中出发。

运动员在“出发信号”发出前出发，应判犯规。因裁判员的失误或器材失灵而导致运动员抢跳时，不判抢跳犯规。

（二）蛙泳比赛的技术规定

在出发和每次转身后，运动员可没入水中并可做一次手臂充分向后划至腿部的动作。在出发和每次转身后，运动员可在第一次蛙泳蹬腿动作前打一次蝶泳腿。

从出发和每次转身后的第一次手臂动作开始，身体应保持俯卧，任何时候都不允许身体呈仰卧姿势。在出发后的整个游程中，动作周期必须是以一次划水和一次蹬腿的顺序完成的。

两臂的所有动作应同时并在同一水平面上进行，不得有交替动作。除出发和每次转身后的第一次划水动作外，两手向后划水不得超过臀线。

在每个完整动作周期内，运动员头的一部分必须露出水面。

两腿的所有动作应同时并在同一水平面上进行，不得有交替动作。在蹬腿过程中，两脚必须做外翻动作。

在每次转身和到达终点时，两手应分开在水面、水上或水下同时触壁。在触壁前的最后一次划水动作结束后，头可以没入水中。但在触壁前最后一个完整或不完整的动作周期中，头的一部分必须露出水面。

（三）自由泳比赛的技术规定

自由泳比赛中，可采用任何泳姿。但在个人混合泳及混合泳接力比赛中，自由泳指除蝶泳、仰泳、蛙泳以外的泳姿。

每次转身和到达终点时，运动员身体的某一部分必须触及池壁。

在整个游程中，运动员身体的某一部分必须露出水面。在出发和转身时，允许运动员身体完全没入水中；出发和每次转身后，在 15 米前（含 15 米）运动员头的一部分必须露出水面。

（四）仰泳比赛的技术规定

在“出发信号”发出前，运动员应在水中面对出发端，两手抓住出发握手器。禁止两脚蹬在水槽里、水槽上或脚趾勾在水槽沿上。

除转身过程外，整个游程中应始终呈仰卧姿势，允许身体做转动动作，但必须保持与水平面小于90°的仰卧姿势，头部位置不受此限。

出发和每次转身后，运动员潜泳距离不得超过15米。在15米前（含15米）运动员头的一部分必须露出水面。

转身过程中，运动员身体的某一部分必须触壁，运动员必须呈仰卧姿势蹬离池壁。

运动员到达终点时，必须以仰卧姿势触壁。

（五）蝶泳比赛的技术规定

从出发和每次转身后的第一次手臂动作开始，身体应保持俯卧，允许水下侧打腿。任何时候都不允许呈仰卧姿势。

两臂同时摆动和划水，在转身和到达终点时，两手应同时触壁。打腿动作应同时进行，不得交替，不允许采用蛙泳腿动作。

在出发和每次转身后，允许运动员在水下做一次或多次打腿动作和一次划水动作，这次划水动作应使身体升至水面。出发和每次转身后，在15米前（含15米）运动员头的一部分必须露出水面。运动员应使身体保持在水面上，直至下次转身或到达终点。

（六）混合泳比赛的技术规定

个人混合泳必须按照蝶泳、仰泳、蛙泳、自由泳的顺序进行比赛。每种泳姿必须完成赛程1/4的距离。混合泳接力必须按照仰泳、蛙泳、蝶泳、自由泳的顺序进行比赛。在混合泳比赛中，每一泳式都必须符合有关规定。在仰泳转蛙泳过程中，运动员应呈仰卧姿势触壁。

二、比赛规定与犯规判罚

（一）比赛规定

运动员应游完全程才能获得录取资格。

运动员应始终在其出发的同一泳道内比赛和抵达终点。

运动员转身时必须按各泳姿的规定触及池壁，不允许在池底跨越或行走，不允许拉分道线。在自由泳项目和混合泳项目的自由泳段比赛中，允许运动员在池底站立，但不得行走。

比赛中，运动员不得使用或穿戴任何有利于其速度、浮力、耐力的器材和泳装，游泳镜除外。不允许在身上使用任何胶带，除非得到组织委员会（竞赛委员会）指定的医疗机构同意。

在比赛场地内，不允许进行速度诱导及采用任何能起速度诱导作用的装置与方法。

（二）犯规判罚规定

游出本泳道阻碍或以其他方式干扰其他运动员者，应判犯规。当所有比赛的运动员还未游完全程前，未参加比赛的运动员如果下水，应取消其原定的下一次的比赛资格。

运动员抵达终点后或在接力比赛中游完自己的距离后，应尽快离池，如妨碍其他游进中的运动员，应判该运动员（接力队）犯规。

（三）接力比赛规定与犯规判罚

接力比赛以队为单位，每个接力队应有4名队员，每名接力队员在一次接力比赛中只能游其中的一棒。每队可在报名参加比赛的同组运动员中任选4人参加接力比赛，在预赛、决赛中参加者可任意调换。接力队必须按提交的名单和顺序参加比赛，否则将被取消录取资格。

接力比赛如前一名运动员尚未触及池壁，后一名运动员的脚已蹬离出发台，应判犯规。

接力比赛中，在各队的所有运动员还未游完之前，除了应游该棒的运动员，其他接力队员如果进入水中，应判犯规。

第四节　游泳安全卫生与水上救生常识

本节介绍游泳安全卫生常识和水上救生常识，包括游泳场地的选择、游泳前的准备、实用游泳技术、间接赴救、直接赴救、自我救护等方面的常识。

一、游泳安全卫生常识

（一）选择安全卫生的游泳场地

大学生学习游泳应选择人工游泳场馆，不要到自然水域游泳。人工游泳场馆的管理比较规范，池水经常消毒、排污和过滤，清晰度较高，深水和浅水有明显标志，安全性和卫生情况都较好。

（二）游泳前的准备

游泳前应进行身体检查，患有心脏病、高血压、癫痫、肺结核、传染性肝炎、皮肤病、红眼病、精神病、中耳炎的人，处于发烧状态的人，以及开放性创伤者，都不宜游泳。游泳前还应进行适当的热身，以提高神经系统的兴奋性，增强心血管系统和呼吸系统的功能，增加肌肉的力量和弹性，加快血液循环和新陈代谢，提高身体各关节的灵活性。热身活动对防止抽筋、拉伤也有积极的作用。

二、水上救生常识

（一）实用游泳技术

实用游泳是游泳运动的一种，主要指为了生产和生活需要而进行的游泳活动。通常意义上讲的实用游泳技术指踩水、侧泳、反蛙泳、潜泳、抬头自由泳和着装泅渡等。下面介绍人们在日常生活生产中经常用到的踩水、侧泳、反蛙泳、潜泳和抬头自由泳技术。

1. 踩水

踩水是一项很实用的游泳技术，其在日常生活上应用较多，如持物过河、通过逆流、救溺水者等。踩水的基本动作与蛙泳类似，但踩水时身体在水中与水平面的角度比较大，基本接近于直立，头部始终在水上。踩水时，身体直立水中稍前倾，头露出水面，稍收髋，两腿微屈勾脚，两臂胸前平屈，掌心向下，两手划水路线成“八”字弧形。腿和臂的动作配合要连贯，腿与手臂的动作比例为1∶1，即一般是两腿各蹬夹一次水，或是两腿同时蹬夹一次水，两手做一次划水动作。

踩水时，呼吸要自然，随腿、臂动作的节奏自然地呼吸。用踩水技术游进时，身体要略前倾，腿稍向侧后蹬水，两臂向后拨水。也可以采用侧身向前的技术，这时后腿应较为用力。

2. 侧泳

侧泳的技术动作自如省力，实用价值很大，水中搬运物品、拖带溺水者等多用侧泳。侧泳时身体侧卧水中，稍向胸侧倾斜与水平面成10°~15°，头的下半部浸入水中，下面的手臂前伸，上面的手臂置于体侧，两腿并拢伸直、摆动打腿。两臂交替划水（或同时划水），两腿蹬夹水，呼吸时头稍向侧转动。侧泳两腿蹬剪水一次，两臂各划水一次，呼吸一次。两腿蹬剪水后，在上面的臂划水结束与下面的臂前伸时，应有短暂的滑行动作。

3. 反蛙泳

反蛙泳的动作比较简单，易操作，游进时由于比较省力故能持久使用。在水中救助溺水者时，可用托枕、双手托颌和托双腋等多种方法用反蛙泳进行拖带运送，因此，该技术在游泳救生工作中起着重要作用。

反蛙泳的完整配合技术有两种：一种是移臂与收腿同时进行；另一种是手划水和腿蹬夹水交替进行，但腿、臂各做一次动作之后身体自然滑行。两臂前移的同时，两腿慢慢收回，边收边分开，两臂将入水时，两腿同时做蹬夹水；然后两臂自然并拢前伸，开始做臂划水动作。划水结束，身体自然伸直滑行。呼吸与臂、腿配合，在两臂入水后稍闭气，两臂划水时用口鼻均匀地呼气，在移臂时用力吸气。

4. 潜泳

潜泳是在水下游进的一种游泳技术，它的实用价值也很大，如水下搜寻、打捞溺水者、水中沉物及水下工程等，都要采用潜泳。潜泳技术可分为潜深和潜远两种技术。

潜深时头朝下，提臀举腿，两臂做蛙泳伸臂动作，向下伸直，由于两腿的重力作用，使身体潜入水中。入水后，两腿向上做蛙泳腿的蹬水动作，以增加身体下沉速度。当身体达到需要的深度后，通过两臂、头部后仰以及胸部和腰部后屈的动作，使身体由垂直姿势转为水平姿势。

潜远时多在水下用蛙泳游进。在游进中为了避免身体上浮，头的位置应稍低于蛙泳头的位置，头与躯干成一直线。臂划水的幅度要比蛙泳臂划水的幅度小，收腿时屈髋幅度较小。配合动作与蛙泳相同，但是滑行时间稍加延长。

5. 抬头自由泳

抬头自由泳是在自由泳游进过程中保持头部始终露在水面上。抬头自由泳有助于救生员在接近溺水者时准确捕捉目标，主要用于接近目标时的观察。抬头自由泳的完整配合采用6∶2∶1的比例，即6次打腿配合2次划水和1次呼吸，这种配合能保持腿、臂协调，保持身体位置较高，以保证整个配合动作的稳定性。

（二）间接赴救

间接赴救指救生员在岸上发现并经过准确判断，对发生溺水事故正在呼救挣扎的溺水者，利用现场救生器材，如救生圈、救生浮漂、救生杆和其他可用器材，在保证自身安全的前提下，对溺水者进行救助。

（三）直接赴救

直接赴救指救生员对距离游泳池边较远处发生溺水事故的溺水者，在不能采用救生器材的情况下，救生员入水与溺水者直接接触进行救助。直接赴救由观察、入水、接近、解脱、拖带（徒手和器材）、上岸（徒手和器材）等技术环节组成。直接赴救是与溺水者直接接触，因此带有一定的危险性，在使用直接赴救技术时，应以保证自己的安全为前提，未经过专业救生技术培训的人，不建议其对溺水者进行直接赴救。

（四）自我救护

1. 抽筋

游泳时可能出现手指抽筋、小腿与脚趾抽筋、大腿抽筋等情况。发生抽筋时，首先要保持镇静，大声呼救；其次，在水中保持静立，进行自救，主要方法是先反向牵拉抽筋的肌肉，然后进行按摩，抽筋缓解后迅速上岸休息。

2. 呛水

预防呛水较好的方法是多练习呼吸技术，在未完全掌握的时候不去深水区游泳，并且游泳的时候注意力要集中，避免过度紧张。发生呛水时，要保持冷静，采用踩水技术使身体保持平衡，缓解后上岸休息。

第十章　武　　术

武术的发展伴随着我国历史与文明的推进，不仅可以强身健体，更承载着深厚的文化内涵和民族情结。

第一节　武术概述

武术是以技击动作为主要内容，以套路和格斗为运动形式，注重内外兼修的中国传统体育项目。武术在我国有着悠久的历史和广泛的群众基础，它集健身性、技击性和艺术性于一体，是深受人们喜爱的一种体育项目。

一、武术的起源与发展

武术历史悠久，它萌发于中华民族远古时代的生产和生活实践，产生和生存于劳动生产、养生保健和礼教戏乐等社会活动。它是随着中华民族在各个社会历史阶段政治、经济、思想、文化和艺术等方面不断进步与发展，逐步形成的具有鲜明特色的中国传统体育项目。

二、武术的特点与作用

（一）具有独特的民族风格

武术具有独特的民族风格。中华民族有着数千年的发展历史，武术作为中华民族特有的一项传统体育项目，在长期发展过程中，受到我国各民族思想文化的影响，形成了较完整的运动技术与理论体系。

（二）既有套路演练，又有技击格斗

武术中既有套路演练，又有技击格斗。长期以来，武术一直循着技击格斗和套路演练这两种运动形式广泛流传和发展。就套路演练形式而言，有各种不同类别的拳术流派，内容丰富、形式多样。

（三）具有攻防技击性

武术的动作都要求具有攻防技击特点，无论是套路演练形式，还是技击格斗形式，都以踢、打、摔、拿等技击法为主要内容。

（四）具有内外合一和形神兼备的练功方法

武术运动讲究“内练一口气，外练筋骨皮”，许多拳种和流派都十分强调内外合一和形神兼备的练功方法，既有手、眼、身法、步等外在的形体活动，又有精神、气息、劲力等内在的神志活动。

（五）具有广泛的适应性

武术运动不仅有较高的健身和防身价值，而且有一定的艺术欣赏价值。武术的内容丰富、形式多样，技术要求有难有易，运动风格千姿百态，运动量有大有小，它不受年龄、性别、体质、季节以及场地和器材的限制，人们可以根据自己的条件和需要，选择合适的项目进行练习。

三、武术的内容与分类

武术内容丰富多彩，形式多种多样，现按其内容分类如下。

（一）拳术

拳术是武术中徒手套路形式的总称，包括长拳、太极拳、南拳、形意拳、八卦掌、通背拳、地躺拳和象形拳等。

（二）对练

对练是两人及两人以上按照固定动作进行攻防的套路练习。对练的主要内容有徒手对练、器械对练、徒手与器械对练。练习对练要求做到动作熟练、配合协调。

（三）集体演练

集体演练是6人以上进行徒手或持器械的集体表演，要求动作整齐划一，并有一定的队形与队形变化，可以有音乐伴奏。

（四）技击格斗

武术的技击格斗是在一定条件和比赛规则的要求下，以武术技法进行的实际格斗运动，技击格斗内容有散手、推手、短兵等。

第二节 武术基本功和基本动作

本节围绕七个方面介绍武术的基本功和基本动作，具体包括手型和手法练习、步型和步法练习、肩臂练习、腿部练习、腰部练习、跳跃练习和平衡练习。

一、手型和手法练习

（一）手型

武术的手型有拳、掌、勾三种。

（1）拳。四指并拢卷握，拇指紧扣食指和中指的第二指节。

（2）掌。四指并拢伸直，拇指弯曲紧扣于虎口处。

（3）勾。五指第一指节捏拢在一起，屈腕。

（二）手法

武术的手法有冲拳、架拳、推掌、亮掌四种。

（1）冲拳。冲拳可分为平拳和立拳两种。平拳拳心向下，立拳拳眼向上；两脚左右开立，与肩同宽，两拳抱于腰间，肘尖向后，拳心向上；挺胸、收腹、立腰，右拳从腰间向前猛力冲出，转腰、顺肩，在肘关节过腰后右前臂内旋，力达拳面，臂要伸直，高与肩平；同时左肘向后牵拉。练习时，左右拳可交替进行。

（2）架拳。两脚左右开立，与肩同宽，两拳抱于腰间，肘尖向后，拳心向上。右拳向下、向左、向上经头前向右上方划弧并在右前上方架起，拳眼向下，眼看左方。练习时，左右拳可交替进行。

（3）推掌。两脚左右开立，与肩同宽，两拳抱于腰间，肘尖向后，拳心向上；右拳变掌，前臂内旋，并以掌根为力点，向前猛力推击；推击时要转腰、顺肩，臂要伸直，高与肩平；同时左肘向后牵拉。练习时，左右手可交替进行。

（4）亮掌。两脚左右开立，与肩同宽，两拳抱于腰间，肘尖向后，拳心向上；右拳变掌，经体侧向右、向上划弧，至头部右前上方时抖腕亮掌，臂成弧形；掌心向前，虎口朝下，头随右手动作转动，在亮掌时眼注视左方。练习时，左右手可交替进行。

二、步型和步法练习

步型和步法练习主要是增进腿部的速度和力量，以提高两脚移动转换的灵活性和稳固性。

（一）步型

步型有弓步、马步、虚步、仆步、歇步、丁步六种，如图 10-1 所示。

图 10-1　步型

（a）弓步；（b）马步；（c）虚步；（d）仆步；（e）歇步；（f）丁步

（1）弓步。弓右腿为右弓步，弓左腿为左弓步。以右弓步为例，右脚向前一大步（为本人脚长的 4 ~ 5 倍），脚尖稍内扣，右腿屈膝半蹲（大腿接近水平），膝与脚尖垂直。左腿挺膝伸直，脚尖内扣（斜向前方），两脚全脚着地。上体正对前方，眼向前平视，两手抱拳于腰间。

（2）马步。两脚平行开立（约为本人脚长的 3 倍），脚尖正对前方，屈膝半蹲，膝部不超过脚尖，大腿接近水平，全脚着地，身体重心落于两腿之间，两手抱拳于腰间。

（3）虚步。左脚在前为左虚步，右脚在前为右虚步。以右虚步为例，两脚前后开立，右脚外展 45°，屈膝半蹲，右脚脚跟离地，脚面绷平，脚尖稍内扣，虚点地面，膝微屈，重心落于左腿上。两手叉腰，眼向前平视。

（4）仆步。仆左腿为左仆步，仆右腿为右仆步。以右仆步为例，两脚左右开立，左腿屈膝全蹲，大腿和小腿靠紧，臀部接近小腿，全脚着地，脚和膝外展，右腿挺直平仆，脚尖里扣，全脚着地。两手抱拳于腰间，眼向右方平视。

（5）歇步。左脚在前为左歇步，右脚在前为右歇步。以左歇步为例，两脚交叉靠拢全蹲，左脚全脚着地，脚尖外展，右脚前脚着地，膝部贴于前外侧，臀部坐于右脚接近脚跟处。两手抱拳于腰间，眼向右前方平视。

（6）丁步。左脚尖点地为左丁步，右脚尖点地为右丁步。以左丁步为例，两腿并拢半蹲，一只脚全脚掌着地支撑（重心落于此腿）；另一只脚脚面绷直，脚尖内扣并虚点地面，靠于支撑脚的脚弓处；两手抱拳于腰间，目视前方。

（二）步法

步法有击步、垫步、弧形步三种。

（1）击步。两脚前后开立，同肩宽。两手可叉腰；上体前倾，后脚离地提起，前脚随即蹬地前纵；在空中时，后脚向前碰击前脚；落地时，后脚先落，前脚后落；眼向前平视；跳起至空中时，要保持上体正直并侧对前方。

（2）垫步。两脚前后开立，同肩宽。两手可叉腰；后脚离地提起，用脚掌向前脚处落步，前脚立即以脚掌蹬地向上稍跳起，将步位让于后脚，然后屈膝提腿向前落步；眼向前平视。

（3）弧形步。两脚前后开立，同肩宽。两手可叉腰；两腿半蹲，两脚迅速连续向侧前方行步；每步大小略比肩宽，走弧形路线；眼向前平视。

三、肩臂练习

肩臂练习主要是增进肩关节韧带的柔韧性，加大肩关节的活动范围，发展臂部力量，提高上肢运动的敏捷、松长、转环等能力，为学习和掌握各种拳、掌等手法提供必要的专项素质。练习方法包括压肩、绕环等。

（一）压肩

面对肋木或一定高度的物体站立，距离一大步，两脚左右分开，与肩同宽或稍宽；两手抓握肋木，上体前俯（挺胸、塌腰、收髋）并做下振压肩动作（见图 10-2），也可以两人面对面站立，互相扶按肩部，做体前屈的振动压肩。

图 10-2　压肩

（二）单臂绕环

成右弓步站立，右手按于右膝上（也可两脚开立，右手叉腰），左臂垂于体侧。向后绕环——左臂由上向后、向下、向前绕环（见图 10-3）。向前绕环——左臂由上向前、向下、向后绕环。练习时，左右臂交替进行。做右臂绕环时，换左弓步站立。

图 10-3　单臂绕环

（三）双臂绕环

两脚开立，与肩同宽，两臂垂于体侧。前后绕环——左右两臂依次绕环。左臂由下向前、向上、向后做向前绕环，右臂由上向后、向下、向前做向后绕环，然后依次做反方向的绕环。

(四) 左右绕环

左右两臂同时向右、向上、向左、向下划立圆绕环，或同时向左、向上、向右、向下划立圆绕环。

(五) 交叉绕环

两臂直臂上举，左臂向前、向下、向后，右臂向后、向下、向前，同时于身侧划立圆绕环，练习时可左右臂交替进行。

四、腿部练习

腿部练习主要发展腿部的柔韧性、灵活性和力量等。练习方法包括压腿、劈腿和踢腿等。

(一) 压腿

压腿主要是拉长腿部的肌肉和韧带，加大髋关节的活动范围。压腿的方法有正压腿、侧压腿、后压腿、仆步压腿四种，如图 10-4 所示。

图 10-4 压腿

(a) 正压腿；(b) 侧压腿；(c) 后压腿

(1) 正压腿。面对肋木或一定高度的物体，并步站立；左腿提起，脚跟放在肋木上，脚尖勾起，踝关节屈紧，两手扶按膝上；两腿伸直，立腰，收髋，上体前屈，并向前、向下做压振动作。练习时左右腿交替进行。

(2) 侧压腿。侧对肋木或一定高度的物体，右腿支撑，脚尖稍外撇；左腿举起，脚跟搁在肋木上，脚尖勾起、踝关节屈紧；右臂屈肘上举，左掌附于右胸前；两腿伸直，立腰、开髋，上体向左侧压振。练习时左右腿交替进行。

(3) 后压腿。背对肋木或一定高度的物体并步站立，两手叉腰或扶一定高度的物体；右腿支撑，左腿向后举起，脚背搁在肋木上，脚面绷直，上体后屈并做压振动作。练习时左右腿交替进行。

(4) 仆步压腿。左腿屈膝全蹲，右腿挺膝伸直，脚尖里扣；两脚全脚掌着地，两手分别抓握两脚外侧，成仆步向下压振。左右腿交替练习。

(二) 劈腿

劈腿主要是加大髋关节的活动幅度，增进腿部的柔韧性。劈腿练习可结合压腿和搬腿进行。劈腿的方法有竖叉、横叉两种，如图 10-5 所示。

(a) (b) (c)

图 10-5 劈腿

（a）仆步压腿；（b）竖叉；（c）横叉

（1）竖叉。两手左右扶地或两臂侧平举，两腿前后分开成直线。左腿后侧着地，脚尖勾起，右腿的内侧或前侧着地。练习时左右腿交替进行。

（2）横叉。两臂侧平举或在体前扶地，两腿左右分开成一直线，两腿内侧着地。

（三）踢腿

踢腿是腿部练习中的重要内容，也是表现基本功训练的主要方面之一，主要包括正踢腿、侧踢腿、外摆腿、里合腿、弹腿、蹬腿、侧踹腿。

（1）正踢腿。两脚并立，两手成立掌或握拳侧平举。左脚向前上半步，左腿支撑，右脚勾起脚尖向前额处猛踢；两眼向前平视。练习时左右腿交替进行。

（2）侧踢腿。右脚向前上半步，脚尖外展；左脚跟稍提起，身体略右转，左臂前伸，右臂后举；随即左腿挺膝，勾脚向左耳侧踢起；同时右臂上举亮掌，左臂屈肘立掌于右肩前。踢左腿为左侧踢，踢右腿为右侧踢。

（3）外摆腿。两脚并立，两手成立掌或握拳侧平举；右脚向右前方上半步，左脚脚尖勾紧，向右侧踢起，经面前向左侧上方外摆，直腿落在右腿旁；眼向前平视；左掌可在左侧上方击响，也可不击响；练习时左右腿交替进行。

（4）里合腿。两脚并立，两手成立掌或握拳侧平举；右脚向右前方上半步，左脚脚尖勾起里扣并向左侧踢起；经面前向右侧上方直腿里合，落于右脚外侧；右手掌在右侧上方可迎击右脚掌（击响），也可不击响；眼向前平视。练习时左右腿交替进行。

（5）弹腿。左腿支撑，右腿屈膝提起，右脚绷直，大腿与腰平，迅速挺膝，小腿猛力向前弹击，力达脚尖；大腿与小腿成一直线，高与腰平。左右腿交替练习。

（6）蹬腿。动作与弹腿相同，唯脚尖勾起，力点达于脚跟。

（7）侧踹腿。两脚左右交叉，右脚在前，微屈膝，接着右腿蹬直或稍屈支撑，左腿屈膝提起，脚尖勾起内扣，脚跟用力向左侧上方踹出，稍高于腰，上体向右侧倾，眼视左侧。左右腿交替练习。

五、腰部练习

腰是贯通上下肢体的枢纽，俗话说："练功不练腰，终究艺不高"。在手、眼、身法、步法四个要素中，腰是较集中地反映身法技巧的关键。练腰的主要方法有前俯腰、甩腰、涮腰，如图 10-6 所示。

（一）前俯腰

并步站立，两手手指交叉，直臂上举，手心朝上，上体前俯，两手尽量贴地；然后两手松开，抱住两脚跟逐渐使胸部贴近腿部。持续一定的时间再起立。还可以向左侧或向右

(a)　　(b)　　(c)

图 10-6　腰部练习

(a) 前俯腰；(b) 甩腰；(c) 涮腰

侧转体，两手在脚外侧贴触地面。

（二）甩腰

开步站立，两臂上举，以腰、髋为轴上体做前后屈甩动，两臂跟着甩动，两腿伸直。

（三）涮腰

两脚开立，略宽于肩，两臂自然下垂；以髋关节为轴，上体前俯，两臂随之向左前下方伸出；然后向前、向右、向后、向左翻转绕环。

六、跳跃练习

跳跃是基本功中的主要组成部分之一。跳跃练习的动作很多，大都要求腾空完成。跳跃动作对于增强腿部力量、提高弹跳能力具有很好的作用，是基本功练习中必不可缺的内容。常见的跳跃动作有腾空飞脚、旋风脚。

（一）腾空飞脚

并步站立。右脚上步，左腿向前、向上摆踢，右脚蹬地跃起，身体腾空，两臂由下向前、向头上摆起，右手背迎击左手掌。在空中，右腿向前、向上弹踢，脚面绷直，右掌迎击右脚面；同时左腿屈膝，左脚收控于右腿侧，脚面绷直，脚尖向下。左手在击响的同时摆至左侧方变勾手，勾尖向下，略高于肩，上体微前倾，两眼平视前方。

（二）旋风脚

双腿并拢站立，左手推掌，右手握拳收于腰间；向前助跑，左转身右脚蹬地起跳；同时，右臂上摆，随即向下、向左、再向上摆起；左腿屈膝上提，右腿里合上摆，摆至面前时左手横击右脚底；两脚落地。

七、平衡练习

平衡动作很多，本节只介绍基本的提膝平衡和望月平衡两种，如图 10-7 所示。

(a)　　(b)

图 10-7　平衡练习

(a) 提膝平衡；(b) 望月平衡

（一）提膝平衡

右腿伸直支撑，左腿屈膝提起（过腰），脚面绷直，并垂扣于右膝前。两眼向左平视。

（二）望月平衡

右腿支撑，左腿在身后向右腿右侧上举，左腿小腿屈收，脚面绷平；上体前倾，并向右腿右侧拧腰上翻，挺胸塌腰，头部伴随向右后转，目视前方。

第三节 长 拳

长拳是一种姿势舒展、动作灵活、快速有力、节奏分明，并具有蹿蹦跳跃、闪展腾挪、起伏转折和跌扑滚翻等动作与技术的拳术。在技法方面，长拳有八大要求，即手要快捷、眼要明锐、身要灵活、步要稳固、精要充沛、气要下沉、力要顺达、功要纯青。在套路方面，长拳套路主要有适用于普及的初级长拳套路、中级长拳套路，以及适用于比赛的规定套路和自选套路。下面着重介绍初级长拳三路。

一、初级长拳三路概述

初级长拳三路除起势、收势外，可划分为四节。

起势：并步站立、虚步亮掌、并步对拳。

第一节：弓步冲拳、弹腿冲拳、马步冲拳、弓步冲拳、弹腿冲拳、大越步前穿、弓步击掌、马步架掌。

第二节：虚步栽拳、提膝穿掌、仆步穿掌、虚步挑掌、马步击掌、叉步双摆掌、弓步击掌、转身踢腿、马步盘肘。

第三节：歇步抡砸拳、仆步亮掌、弓步劈拳、换跳步弓步冲拳、马步冲拳、弓步下冲拳、叉步亮掌侧踹腿、虚步挑拳。

第四节：弓步顶肘、转身左拍脚、右拍脚、腾空飞脚、歇步下冲拳、仆步抡劈拳、提膝挑掌、提膝劈掌、弓步冲拳。

收势：虚步亮掌、并步对拳、还原。

二、动作和要领

（一）起势

起势包括并步站立、虚步亮掌、并步对拳三个动作，如图 10-8 所示。

1. 并步站立

两脚并步站立，两臂垂于身体两侧，五指并拢贴靠腿外侧，眼向前平视。

2. 虚步亮掌

右脚向右后方撤步成左弓步。右掌向右、向上、向前划弧，掌心向上；左臂屈肘，左掌提至腰侧，掌心向上。

右腿微屈，重心后移。左掌经胸前从右臂上向前穿出伸直；右臂屈肘，右掌收至腰侧，掌心向上。

3. 并步对拳

右脚向前上一步，两臂下垂后摆。左脚向右脚并步，两臂向外、向上经胸前屈肘下按，两掌变拳，拳心向下，停于小腹前。目视左侧。

图 10-8　起势

（a）并步站立；（b）虚部亮掌；（c）并步对拳

（二）第一节

初级长拳三路的第一节包括弓步冲拳、弹腿冲拳、马步冲拳、弓步冲拳、弹腿冲拳、大越步前穿、弓步击掌、马步架掌八个动作，如图 10-9 所示。

图 10-9　初级长拳三路第一节

（a）弓步冲拳；（b）弹腿冲拳；（c）马步冲拳；（d）弓步冲拳；（e）弹腿冲拳；
（f）大越步前穿；（g）弓步击掌；（h）马步架掌

1. 弓步冲拳

左脚向左上一步，脚尖向斜前方；右腿微屈，成半马步；左臂向上、向左格打，拳眼向后，拳与肩同高；右拳收至腰侧，拳心向上。目视左拳。

右腿蹬直成左弓步；左拳收至腰侧，拳心向上；右拳向前冲出，高与肩平，拳眼向上。目视右拳。

2. 弹腿冲拳

重心前移至左腿，右腿屈膝提起，脚面绷直，猛力向前弹出伸直，高与腰平；右拳收至腰侧，左拳向前冲出。目视前方。

3. 马步冲拳

右脚向前落步，脚尖里扣，上体左转；左拳收至腰侧，两腿下蹲成马步；右拳向前冲出。目视右拳。

4. 弓步冲拳

右臂屈肘向右格打，拳眼向后；目视右拳；上体右转 90°，同时右拳收于腰间，左拳冲出，右脚尖外撇向斜前方，成弓步。

5. 弹腿冲拳

重心前移至右腿，左腿屈膝提起，脚面绷直，猛力向前弹出伸直，高与腰平；左拳收至腰侧，右拳向前冲出。目视前方。

6. 大越步前穿

左腿屈膝；右拳变掌内旋，以手背向下挂至左膝外侧，上体前倾。目视右手。

左脚向前落步，两腿微屈；右掌继续向后挂，左拳变掌，向后、向下伸直。目视右掌。

右腿落地全蹲，左腿随即落地向前铲出成仆步。右掌变拳抱于腰侧，左掌由上向右、向下划弧成立掌，停于右胸前。目视左脚。

7. 弓步击掌

右腿猛力蹬直成左弓步。左掌经左脚面向后划弧至身后成勾手，左臂伸直，勾尖向上，右拳由腰侧变掌向前推出，掌指向上，掌外侧向前，目视右手。

8. 马步架掌

重心移至双腿中间，左脚脚尖里扣成马步，上体右转。右臂向左侧平摆，稍屈肘；同时左勾手变掌，由后经左腰侧从右臂内向前上穿出，掌心均朝上。目视左手。

右掌立于左胸前；左臂向左上屈肘抖腕亮掌于头部左上方，掌心向前。目视右方。

（三）第二节

初级长拳三路的第二节包括虚步栽拳、提膝穿掌、仆步穿掌、虚步挑掌、马步击掌、叉步双摆掌、弓步击掌、转身踢腿马步盘肘 8 个动作，如图 10-10 所示。

图 10-10 初级长拳三路第二节

（a）虚步栽拳；（b）提膝穿掌；（c）仆步穿掌；（d）虚步挑掌；（e）马步击掌；（f）叉步双摆掌；（g）弓步击掌；（h）转身踢腿马步盘肘

1. 虚步栽拳

右脚蹬地，屈膝提起；左腿伸直，以前脚掌为轴向右后转体 180°。右掌由左脚前向下经右腿外侧向后划弧成勾手，左臂随体转动并外旋，使掌心朝右。目视右手。

右脚向右落地，重心移至右腿上；下蹲成左虚步；左掌变拳下落于左膝上，拳眼向里，拳心向后：右勾手变拳，屈肘向上架于头右上方，拳心向前。目视左方。

2. 提膝穿掌

右腿稍伸直；右拳变掌收至腰侧，掌心向上；左拳变掌由下向左、向上划弧盖压于头上方，掌心向前。

右腿蹬直，左腿屈膝提起，脚尖内扣；右掌从腰侧经左臂内向右前上方穿出，掌心向上；左掌收至右胸前成立掌。目视右掌。

3. 仆步穿掌

右腿全蹲，左腿向左后方铲出成左仆步；右臂不动，左掌由右胸前向下经左腿内侧，向左脚面穿出。目随左掌转视。

4. 虚步挑掌

右腿蹬直，重心前移至左腿，成左弓步；右掌稍下降，左掌随重心前移向前挑起。

右脚向左前方上步，左腿半蹲，成右虚步；身体随上步左转 180°。在右脚上步的同时，左掌由前向上、向后划弧成立掌，右掌由后向下、向前上挑起成立掌，指尖与眼平。目视右掌。

5. 马步击掌

右脚落实，脚尖外撇，重心稍升高并右移，左掌变拳收至腰侧，右掌俯掌向外搪手。

左脚向前上一步，以右脚为轴向右后转体 180°，两腿下蹲成马步；左掌从右臂上成立掌向左侧击出；右掌变拳收至腰侧。目视左掌。

6. 叉步双摆掌

重心稍右移，同时两掌向下、向右摆，掌指均向上。目视右掌。

右脚向左腿后插步，前脚掌着地。两臂继续由右向上、向左摆，停于身体左侧，均成立掌，右掌停于左肘窝处。目随双掌转视。

7. 弓步击掌

两腿不动。左掌收至腰侧，掌心向上；右掌向上、向右划弧，掌心向下。

左腿后撤一步，成右弓步；右掌向下、向后伸直摆动，成勾手，勾尖向上；左掌成立掌向前推出。目视左掌。

8. 转身踢腿马步盘肘

两脚以前脚掌为轴向左后转体 180°；在转体的同时，左臂向上、向前划半立圆，右臂向下、向后划半立圆。

上动不停，两脚不动，右臂由后向上、向前划半立圆，左臂由前向下、向后划半立圆。

上动不停，右臂向下成反臂勾手，勾尖向上；左臂向上，成亮掌，掌心向前上方；右腿伸直，脚尖勾起，向额前踢。

右脚向前落地，脚尖里扣；左臂屈肘下落至胸前，左掌心向下。目视左掌。

上体左转 90°，两腿下蹲成马步；同时左掌向前、向左平掳变拳收至腰侧，右勾手变拳，右臂伸直，由体后向右、向前平摆，至体前时屈肘，肘尖向前，高与肩平，拳心向下。目视肘尖。

（四）第三节

初级长拳三路的第三节包括歇步抡砸拳、仆步亮掌、弓步劈拳、换跳步弓步冲拳、马步冲拳、弓步下冲拳、叉步亮掌侧踹腿、虚步挑拳 8 个动作，如图 10-11 所示。

(a) (b) (c) (d) (e) (f) (g) (h)

图 10-11 初级长拳三路第三节

（a）歇步抡砸拳；（b）仆步亮掌；（c）弓步劈拳；（d）换跳步弓步冲拳；（e）马步冲拳；（f）弓步下冲拳；（g）叉步亮掌侧踹腿；（h）虚步挑拳

1. 歇步抡砸拳

重心稍升高，右脚尖外撇；右臂由胸前向上、向右抡直，左拳向下、向左，使臂抡直。目视右拳。

上动不停，两脚以前脚掌为轴，向右后转体 180°；右臂向下、向后抡摆，左臂向上、向前随身体转动。

紧接上动，两腿全蹲成歇步。左臂随身体下蹲向下平砸，拳心向上，臂部微屈；右臂伸直向上举起。目视左拳。

2. 仆步亮掌

左脚由右腿后抽出前上一步，左腿蹬直，右腿半蹲，成右弓步；上体微向右转。左拳收至腰侧，右拳变掌向下经胸前向右横击掌。目视右拳。

右脚蹬地屈膝提起，上体右转；左拳变掌从右掌上向前穿出，掌心向上；右掌平收至左肘下。

右脚向右落步，屈膝全蹲，左腿伸直，成仆步；左掌向下、向后划弧成勾手，勾尖向上；右掌向右、向上划弧微屈，抖腕成亮掌，掌心向前。头随右手转动，至亮掌时，目视左方。

3. 弓步劈拳

右腿蹬地立起，左腿收回；右掌变拳收至腰侧，左勾手变掌由下向前上经胸前向左做掳手。

右腿经左腿前方向左绕上一步，左腿蹬直成右弓步；左手向左平掳后再向前挥摆，虎口朝前。

在左手平掳的同时，右拳向后平摆，然后向前、向上做抡劈拳，拳高与耳平，拳心向上，左掌外旋接扶右前臂。目视右拳。

4. 换跳步弓步冲拳

重心后移，右脚稍向后移动；右拳变掌，臂内旋，以掌背向下划弧挂至右膝内侧，左掌背贴靠右肘外侧，掌指向前。目视右掌。

右腿自然上抬，上体稍向左扭转；右掌挂至身体左侧，左掌伸向右腋下。目随右掌转视。

右脚以全脚掌用力向下震踩，与此同时，左脚急速离地抬起；右手由左向上、向前掳盖而后变拳收至腰侧；左掌伸直向下、向上、向前屈肘下按，掌心向下；上体右转，目视左掌。

左脚向前落步，右腿蹬直成左弓步；右拳向前冲出，拳高与肩平；左掌藏于右腋下，掌背贴靠腋窝。目视右拳。

5. 马步冲拳

上体右转 90°，重心移至两腿中间，成马步；右拳收至腰侧，左掌变拳向左冲出，拳眼向上。目视左拳。

6. 弓步下冲拳

右脚蹬直，左腿弯曲，上体稍向左转，成左弓步；左拳变掌向下经体前向上架于头左上方，掌心向上，右拳自腰侧向左前斜下方冲出。目视右拳。

7. 叉步亮掌侧踹腿

上体稍右转；左掌由头上下落于右手腕上，右拳变掌，两手交叉成“十”字。目视双手。

右脚蹬地并向左腿后插步，以前脚掌着地；左掌由体前向下、向后划弧成勾手，勾尖向上；右掌由前向右、向上划弧抖腕亮掌，掌心向前。目视左侧。

重心移至右腿，左腿屈膝提起，向左上方猛力蹬出；上肢姿势不变，目视左侧。

8. 虚步挑拳

左脚在左侧落地；右掌变拳稍后移，左勾手变拳由体后向左上挑，拳背向上。

上体左转 180°，微含胸前俯；左拳继续转向前向上划弧上挑，右拳向下、向前划弧挂至右膝外侧，同时右膝提起。目视右拳。

右脚向左前方上步，脚尖点地，重心落于左脚，左腿下蹲成右虚步；左拳向后划弧收至腰侧，拳心向上；右拳向前屈臂挑出，拳眼斜向上，拳与肩同高。目视右拳。

（五）第四节

初级长拳三路的第四节包括弓步顶肘、转身左拍脚、右拍脚、腾空飞脚、歇步下冲拳、仆步抡劈拳、提膝挑掌、提膝劈掌弓步冲拳八个动作，如图 10-12 所示。

图 10-12 初级长拳三路第四节

（a）弓步顶肘；（b）转身左拍脚；（c）右拍脚；（d）腾空飞脚；（e）歇步下冲拳；（f）仆步抡劈拳；（g）提膝挑掌；（h）提膝劈掌弓步冲拳

1. 弓步顶肘

重心升高，右脚踏实；右臂内旋，向下直臂划弧，以拳背下挂至右膝内侧，左拳不变。目视前下方。

左腿蹬直，右腿屈膝上抬；左拳变掌，右拳不变，两臂向前、向上划弧摆起。目随右拳转视。

左脚蹬地起跳，身体腾空，两臂继续划弧至头上方。

右脚先落地，右腿屈膝，左脚向前落步，以前脚掌着地；同时两臂向右、向下屈肘停于右胸前，右拳变掌，左掌变拳；右掌心贴靠左拳面。

左脚向左上一步，左腿屈膝，右腿蹬直成左弓步；右掌推左拳，以左肘尖向左顶出，高与肩平。目视前方。

2. 转身左拍脚

以两脚前脚掌为轴向右后转体 180°；随着转体，右臂向上、向右、向下划弧抡摆，同时左拳变掌向下、向后、向前上抡摆。

左腿伸直向前上踢起，脚面绷平；左掌变拳收至腰侧，右掌由体后向上、向前拍击左脚面。

3. 右拍脚

左脚向前落地，左拳变掌向下、向后摆，右掌变拳收至腰侧。

右腿伸直向前上踢起，脚面绷平；左拳变掌由后向上、向前拍击右脚面。

4. 腾空飞脚

右脚落地。

左脚向前摆起，右脚猛力地跳起，左腿屈膝继续向前上摆；同时右拳变掌向前、向上摆起，左掌先上摆而后下降拍击右掌背。

右腿继续上摆，脚面绷平；右手拍击右脚面，左掌由体前向后上举。

5. 歇步下冲拳

左、右脚先后相继落地；左掌变拳收至腰侧。

身体右转90°，两腿全蹲成歇步；右掌抓握、外旋变拳收至腰侧；左拳由腰侧向前下方冲出，拳心向下。目视左拳。

6. 仆步抡劈拳

重心升高，右臂由腰侧向体后伸直，左臂随身体重心升高向上摆起。

以右脚前脚掌为轴，左腿屈膝提起，上体左转270°；左拳由前向后下划立圆一周；右拳由后向下、向前上划立圆一周。

左腿向后落一步，屈膝全蹲，右腿伸直，脚尖里扣成右仆步；右拳由上向下抡劈，拳眼向上；左拳后上举，拳眼向上。目视右拳。

7. 提膝挑掌

重心前移成右弓步；同时右拳变掌由下向上抡摆，左拳变掌稍下落，右掌心向左，左掌心向右。

左、右臂在垂直面上由前向后各划立圆一周；右臂伸直停于头上，掌心向左，掌指向上；左臂伸直停于身后成反勾手；同时右腿屈膝提起，左腿挺膝伸直独立。目视前方。

8. 提膝劈掌弓步冲拳

下肢不动，右掌由上向下猛劈伸直，停于右小腿内侧，用力点在小指一侧；左勾手变掌，屈臂向前停于右上臂内侧，掌心向左。目视右掌。

上动不停，左腿蹬直成右弓步；右手抓握变拳收至腰侧，左拳由腰侧向左前方冲出。目视左拳。

（六）收势

1. 虚步亮掌

右脚扣于左膝后，两拳变掌，两臂右上左下屈肘交叉于体左前。目视右掌。

右脚向右后落步，重心后移，右腿半蹲，上体稍右转；同时右掌向上、向右、向下划弧停于左腋下；左掌向左、向上划弧停于右臂上与左胸前，两掌心左下右上；目视左掌。

左脚尖稍向右移，右腿下蹲成左虚步；左臂伸直向左、向后划弧成反勾手；右臂伸直向下、向右、向上划弧抖腕亮掌，掌心向前；目视左方。

2. 并步对拳

左腿后撤一步，同时两掌从两腰侧向前穿出伸直，掌心向上。

右腿后撤一步，同时两臂分别向体后下摆。

左脚后退半步向右脚并拢；两臂由后向上经体前屈臂下按，两掌变拳，停于腹前，拳心向下，拳面相对。目视左方。

3. 还原

两臂自然下垂，目视正前方，如图10-13所示。

图10-13 还原

第四节　二十四式太极拳

一、二十四式太极拳概述

二十四式太极拳按行拳方向可以划分为四节。

第一节：从第一式到第五式，分别为起势、左右野马分鬃、白鹤亮翅、左右搂膝拗步、手挥琵琶，如图 10-14 所示。

图 10-14　二十四式太极拳第一节

（a）起势；（b）左右野马分鬃；（c）白鹤亮翅；（d）左右搂膝拗步；（e）手挥琵琶

第二节：从第六式到第九式，分别为左右倒卷肱、左揽雀尾、右揽雀尾、单鞭，如图 10-15 所示。

第三节：从第十式到第十五式，分别为云手、单鞭、高探马、右蹬脚、双峰贯耳、转身左蹬脚，如图 10-16 所示。

第四节：从第十六式到第二十四式，分别为左下势独立、右下势独立、左右穿梭、海底针、闪通臂、转身搬拦捶、如封似闭、十字手、收势，如图 10-17 所示。

(a)

(b)

(c)

(d)

图 10-15　二十四式太极拳第二节

（a）左右倒卷肱；（b）左揽雀尾；（c）右揽雀尾；（d）单鞭

二、动作和要领

（一）第一式：起势

左脚开立：左脚向左分开，两脚平行同肩宽。

两臂前举：两臂慢慢向前举，自然伸直，两手心向下。

屈腿按掌：两腿慢慢屈膝半蹲，同时两掌轻轻下按至腹前。起脚时先提脚跟，高不过足踝，落脚时前脚掌先着地，要做到点起点落、轻起轻落。上举两臂时，不可耸肩，不要出现指尖朝下的“折腕”。屈膝时松腰敛臀，上体保持正直，两掌下按时沉肩垂肘。

(a) (b) (c)

(d) (e) (f)

图 10-16 二十四式太极拳第三节

（a）云手；（b）单鞭；（c）高探马；（d）右蹬脚；（e）双峰贯耳；（f）转身左蹬脚

（二）第二式：左右野马分鬃

1. 左野马分鬃

抱球收脚：上体稍右转，右臂屈抱于右胸前，左臂屈抱于腹前，成右抱球；左脚收至右脚内侧成丁步。

弓步分手：上体左转，左脚向左前方迈出一步，成左弓步；同时两掌前后分开，左手心斜向上，右手按至右胯旁，两臂微屈。

2. 右野马分鬃

抱球收脚：重心稍向后移，左脚尖翘起外撇；上体稍左转，左手翻转在左胸前屈抱，右手翻转前摆，在腹前屈抱，成左抱球；重心移至左腿，右脚收至左脚内侧成丁步。

弓步分手：同上弓步分手，但左右相反。

3. 左野马分鬃

同上左野马分鬃。弓步时，不可将重心过早前移，以免造成脚掌沉猛落地，后脚应有蹬碾动作。分手与弓步要协调同步。转体撤脚时，先屈后腿，腰后坐，同时两臂自旋。

（三）第三式：白鹤亮翅

跟步抱球：上体稍左转，右脚向前跟步，落于左脚后；同时两手在胸前屈臂抱球。

虚步分手：上体后坐并向右转体，左脚稍向前移动，成左虚步；同时右手分至右额前，掌心向内，左手按至左腿旁，上体转正；眼平视前方。

（四）第四式：左右搂膝拗步

1. 左搂膝拗步

收脚托掌：上体右转，右手至头前下落，经右胯侧向后方上举，与头同高，手心向

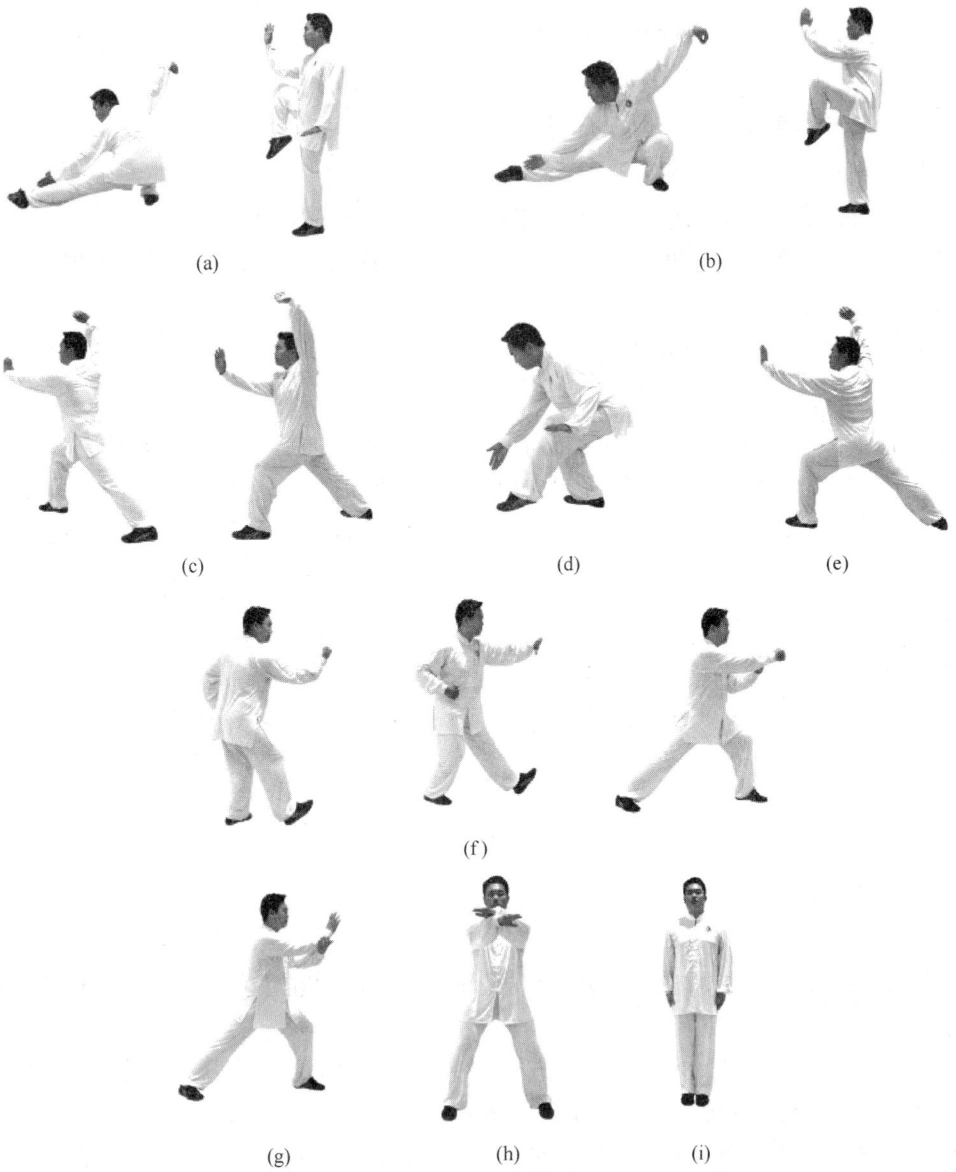

图 10-17 二十四式太极拳第四节

(a) 左下势独立；(b) 右下势独立；(c) 左右穿梭；(d) 海底针；(e) 闪通臂；
(f) 转身搬拦捶；(g) 如风似闭；(h) 十字手；(i) 收势

上，左手上摆，向右划弧落至右肩前；左脚收至右脚内侧成丁步；眼视右手。

弓步搂推：上体左转，左脚向左前方迈出一步成左弓步；左手经膝前上方搂过，停于左腿外侧，掌心向下，指尖向前，右手经肩上向前推出，右臂自然伸直。

2. 右搂膝拗步

收脚托掌：重心稍后移，左脚尖翘起外撇，上体左转，右脚收至左脚内侧成丁步；右手经头前划弧摆至左前肩，掌心向下，左手向左上方划弧上举，与头同高，掌心向上；眼视左手。

弓步搂推：同上弓步搂推，但左右相反。

3. 左搂膝拗步

动作与右搂膝拗步相同，但左右相反。

（五）第五式：手挥琵琶

跟步展臂：右脚向前收拢半步落于左脚后；右臂稍向前伸展。

虚步合手：上体稍向左回转，左脚稍前移，脚跟着地，成左虚步；两臂屈肘合抱，右手与左肘相对，掌心向左。

（六）第六式：左右倒卷肱

1. 右倒卷肱

退步卷肱：上体稍右转，两手翻转向上，右手随转体向后上方划弧上举至肩上耳侧，左手停于体前；上体稍左转；左脚提起向后退一步，脚前掌轻轻落地；眼视左手。

虚步推掌：上体继续左转，重心后移，成右虚步；右手推至体前，左手向后、向下划弧，收至左腰侧，手心向上；眼视右手。

2. 左倒卷肱

退步卷肱：同上退步卷肱，但左右相反。

虚步推掌：同上虚步推掌，但左右相反。

3. 右倒卷肱

同上右倒卷肱。

4. 左倒卷肱

同上左倒卷肱。

（七）第七式：左揽雀尾

抱球收脚：上体右转，右手向侧后上方划弧，左手在体前下落，两手成右抱球状；左脚收成丁步。

弓步掤臂：上体左转，左脚向左前方迈成左弓步；两手前后分开，左臂半屈向体前掤架，右手向下划弧按于左胯旁，五指向前；眼视左手。

转体摆臂：上体稍向左转，左手向左前方伸出，同时右臂外旋，向上、向前伸至左臂内侧，掌心向上。

转体后捋：上体右转，身体后坐，两手同时向下经腹前向右后方划弧后捋，右手举于身体侧后方，掌心向外，左臂平屈于胸前，掌心向内；眼视右手。

弓步前挤：重心前移成左弓步；右手推送左前臂向体前挤出，两臂撑圆。

后坐引手：上体后坐，左脚脚尖翘起；左手翻转向下，右手经左腕上方向前伸出，掌心转向下，两手左右分开与肩同宽，两臂屈收后引，收至腹前，手心斜向下。

弓步前按：重心前移成左弓步；两手沿弧线推至体前。

（八）第八式：右揽雀尾

转体分手：重心后移，上体右转，左脚尖内扣；右手划弧右摆，两手平举于身体两侧；头随右手移转。

抱球收脚：左腿屈膝，重心左移，右脚收成丁步；两手成左抱球状。

弓步掤臂：同第七式中的弓步掤臂，但左右相反。

转体摆臂：同第七式中的转体摆臂，但左右相反。

转体后捋：同第七式中的转体后捋，但左右相反。

后坐引手：同第七式中的后坐引手，但左右相反。

弓步前按：同第七式中的弓步前按，但左右相反。

（九）第九式：单鞭

转体运臂：上体左转，左腿屈膝，右脚尖内扣；左手向左划弧，掌心向外，右手向左划弧至左肘前，掌心转向上；视线随左手运转。

勾手收脚：上体右转，右腿屈膝，左脚收成丁步；右手向上、向右划弧，至身体右前方变成勾手，腕高与肩平，左手向下、向右划弧至右肩前，掌心转向内；眼视勾手。

弓步推掌：上体左转，左脚向左前方迈出成左弓步；左手经面前翻掌向前推出。

（十）第十式：云手

转体松勾：上体右转，左脚尖内扣；左手向下、向右划弧至右肩前，掌心向内，右勾手松开变掌。

左云收步：上体左转，重心左移，右脚向左脚收拢，两腿屈膝半蹲，两脚平行向前成小开立步；左手经头前向左划弧运转，掌心渐渐向外翻转，右手向下、向左划弧运转，掌心渐渐转向内；视线随左手运转。

右云开步：上体右转，重心右转，左脚向左横开一步，脚尖向前；右手经头前向右划弧运转，掌心逐渐由内转向外，左手向下、向右划弧，停于右肩前，掌心渐渐翻转向内；视线随右手运转。

左云收步：同左云收步。

右云开步：同右云开步。

左云收步：同左云收步。

（十一）第十一式：单鞭

转体勾手：上体右转，重心右移，左脚跟提起；右手向上、向右划弧，至右前方掌心翻转变勾手；左手向下、向右划弧至右肩前，掌心转向内；眼视勾手。

弓步推掌：同第九式中的弓步推掌。

（十二）第十二式：高探马

跟步翻手：后脚向前收拢半步；右手勾手松开，两手翻转向上，肘关节微屈。

虚步推掌：上体稍右转，重心后移，左脚稍向前移成左虚步；上体左转，右手经头侧向前推出；左臂屈收至腹前，掌心向上。

（十三）第十三式：右蹬脚

穿手上步：上体稍左转，左脚提收向左前方迈出，脚跟着地；右手稍向后收，左手经右手背上方向前穿出，两手交叉，左掌心斜向上，右掌心斜向下。

分手弓步：重心前移成左弓步；上体稍右转，两手向两侧划弧分开，掌心皆向外；眼视右手。

抱手收脚：右脚成丁步，两手向腹前划弧相交合抱，举至胸前，右手在外，两掌心皆转向内。

分手蹬脚：两手手心向外撑开，两臂展于身体两侧，肘关节微屈，腕与肩平；左腿支撑，右腿屈膝上提，脚跟用力慢慢向前上方蹬出，脚尖上勾，膝关节伸直，右腿与右臂上下相对，方向为右前方约30°；眼视右手。

（十四）第十四式：双峰贯耳

屈膝并手：右小腿屈膝回收，左手向体前划弧，与右手并行落于右膝上方，掌心皆翻转向上。

弓步贯掌：右脚下落向右前方上步成右弓步；两手握拳经两腰侧向上、向前划弧摆至头前，两臂半屈成钳形，两拳相对，同头宽，拳眼斜向下。

（十五）第十五式：转身左蹬脚

转体分手：重心后移，左腿屈坐，上体左转，右脚尖内扣；两拳松开，左手向左划弧，两手平举于身体两侧，掌心向外；眼视左手。

抱手收脚：重心右移，右腿屈膝后坐，左脚收至右脚内侧成丁步；两手向下划弧交叉合抱，举至胸前，左手在外，两手心皆向内。

分手蹬脚：同第十三式中的分手蹬脚，但左右相反。

（十六）第十六式：左下势独立

收脚勾手：左腿屈收于右小腿内侧；上体右转，右臂稍内合，右手变勾手，左手划弧摆至右肩前，掌心向右；眼视勾手。

仆步穿掌：上体左转，右腿屈膝，左腿向右前方伸出成左仆步；左手经右肋沿左腿内侧向左穿出，掌心向前，指尖向左；眼视左手。

弓步起身：重心移向左腿成左弓步；左手前穿并向上挑起，右勾手内旋，置于身后。

独立挑掌：上体左转，重心前移，右腿屈膝提起成左独立步；左手下落按于左胯旁，右勾手下落变掌，向体前挑起，掌心向左，高于眼平，右臂半屈成弧。

（十七）第十七式：右下势独立

落脚勾手：右脚落于左脚右前方，脚前掌着地，上体左转，左脚以脚掌为轴随之扭转；左手变勾手向上提举于身体左侧，高与肩平，右手划弧摆至左肩前，掌心向左；眼视勾手。

仆步穿掌：同第十六式中的仆步穿掌，但左右相反。

弓步起身：同第十六式中的弓步起身，但左右相反。

（十八）第十八式：左右穿梭

1. 右穿梭

落脚抱球：左脚向左前方落步，脚尖外撇，上体左转；两手呈左抱球状。

弓步架推：上体右转，右脚向右前方上步成右弓步；右手向前上方划弧，翻转上举，架于右额前上方，左手向后下方划弧，经肋前推至体前，高与鼻平；眼视左手。

2. 左穿梭

抱球收脚：重心稍后移，右脚尖外撇，左脚收成丁步；上体右转，两手在右肋前上下相抱。

弓步架推：同右穿梭中的弓步架推，但左右相反。

(十九) 第十九式：海底针

跟步提手：右脚向前收拢半步，随之重心后移，右腿屈坐；上体右转，右手下落屈臂提抽至耳侧，掌心向左，指尖向前，左手向右划弧下落至腹前，掌心向下，指尖斜向右。

虚步插掌：上体左转向前俯身，左脚稍前移成左虚步；右手向前下方斜插，左手经膝前划弧搂过，按至左大腿侧；眼视右手。

(二十) 第二十式：闪通臂

提手收脚：上体右转，恢复正直；右手提至胸前，左手屈臂收举，指尖贴近右腕内侧；左脚收至右脚内侧。

弓步推掌：左脚向前上步成左弓步；左手推至体前，右手撑于头侧上方，掌心斜向。

(二十一) 第二十一式：转身搬拦捶

转体扣脚：重心后移，右腿屈坐，左脚尖内扣；身体右转，右手摆至体右侧，左手摆至头左侧，掌心均向外；眼视右手。

坐腿握拳：重心左移，左腿屈坐，右腿自然伸直；右手握拳向下、向左划弧停于左肋前，拳心向下，左手举于左额前；眼向前平视。

踩脚搬拳：右脚提收至左脚内侧，再向前迈出，脚跟着地，脚尖外撇；右拳经胸前向前搬压，拳心向上，高与胸平，肘部微屈，左手经右前臂外侧下落，按于左胯旁；眼视右拳。

转体收拳：上体右转，重心前移，右拳向右划弧至体侧，拳心向下，左臂外旋，向体前划弧，掌心斜向上。

上步拦掌：左脚向前上步，脚跟着地；左掌拦至体前，掌心向右，右拳翻转收至腰间，拳心向上；眼视左掌。

弓步打拳：上体左转，重心前移成左弓步；右拳向前打出，肘微屈，拳眼向上，左手微收，掌指附于右前臂内侧，掌心向右。

(二十二) 第二十二式：如封似闭

穿手翻掌：左手翻转向上，从右前臂下向前穿出；同时右拳变掌，也翻转向上，两手交叉举于体前。

后坐收掌：重心后移，两臂屈收后引，两手分开收至胸前，与胸同宽，掌心斜相对；眼视前方。

弓步按掌：重心前移成左弓步；两掌经胸前弧线向前推出，高与肩平，宽与肩同。

(二十三) 第二十三式：十字手

转体扣脚：上体右转，重心右移，右腿屈坐，左脚尖内扣；右手向右摆至头前，两手心皆向外；眼视右手。

弓腿分手：上体继续右转，右脚尖外撇侧弓，右手继续划弧至身体右侧，两臂侧平举，手心皆向外；眼视右手。

交叉搭手：上体左转，重心左移，左腿屈膝侧弓，右脚尖内扣；两手划弧下落，交叉上举成斜十字形，右手在外，手心皆向内。

收脚合抱：上体转正，右脚提起收拢半步，两腿慢慢直立；两手交叉合抱于胸前。

（二十四）第二十四式：收势

翻掌分手：两臂内旋，两手翻转向下分开，两臂慢慢下落停于身体两侧；眼视前方。

并脚还原：左脚轻轻收回，恢复成预备姿势。

第五节　陈氏太极拳精要十八式

一、陈氏太极拳精要十八式概述

陈式太极拳精要十八式可分为三节。

第一节：第一式到第六式，各式分别为太极起势、金刚捣碓、懒扎衣、六封四闭、单鞭、白鹤亮翅，如图 10-18 所示。

图 10-18　陈式太极拳精要十八式第一节

（a）太极起势；（b）金刚捣碓；（c）懒扎衣；（d）六封四闭；（e）单鞭；（f）白鹤亮翅

第二节：第七式到第十二式，各式分别为斜行、搂膝、拗步、掩手肱拳、高探马、左蹬一根，如图 10-19 所示。

第三节：第十三式到第十八式，各式分别为玉女穿梭、云手、转身双摆莲、当头炮、金刚捣碓、收势，如图 10-20 所示。

二、动作和要领

（一）第一式：太极起势

两脚并立，成立正姿势；两臂下垂于身体两侧，手心向内，头自然正，唇齿微合，舌尖轻抵上腭，二目平视。

接上式，屈膝松胯，放松下沉，提左脚向左横开一步，比两肩略宽，脚尖微外摆，脚

图 10-19　陈式太极拳精要十八式第二节

（a）斜行；（b）搂膝；（c）拗步；（d）掩手肱拳；（e）高探马；（f）左蹬一根

图 10-20　陈式太极拳精要十八式第三节

（a）玉女穿梭；（b）云手；（c）转身双摆莲；（d）当头炮；（e）金刚捣碓；（f）收势

趾、脚掌外缘、脚后跟皆要抓地，涌泉穴要虚，含胸塌腰，松肩沉肘，立身中正，头自然正直，虚领顶劲，二目平视。

接上式，两手缓缓上升与肩平，手心向下，松肩沉肘：随两手上升，身体慢慢下降，屈膝松胯，两脚踏实，二目平视。

接上式，身体继续下沉，屈膝松胯，两手随身体下按至腹前，手心向下，二目平视。

（二）第二式：金刚捣碓

接上式，身体微向左转，重心右移，两手左逆右顺缠，走弧线向左前方拥出，左手拥至左膝上方与眼平，手心朝外，右手拥至胸前中线，手心朝上，目视左前方。

接上式，身体右转 90°，重心由右移到左腿，右脚尖外摆，两手左顺右逆缠向右后，目视左前方。此动呼气。

接上式，重心移至右腿，左腿提起，里合扣裆，屈膝松胯，身体下沉且微向右转，两手上拥，目视左前方。

接上式，右脚跟内侧着地，向左前方铲地滑出，脚尖上翘里合，重心在右腿，两手继续向右后上方加掤劲，目视左前方。

接上式，重心由右腿移至左腿，左脚尖外摆踏平身体随重心移动，向左转 45°，两手左逆右顺缠，走下弧向前拥，左手拥至胸前，手心朝下；右手下沉至右膝内上方，手心朝外，指尖朝后，目视前方。

接上式，左手向前撩掌，向上再向内环绕合于胸前右小臂内侧；右手领右脚弧线向前上托掌于右胸前与左手相合，左手心朝下；右脚经左脚内侧向前上步，脚尖点地，中心在左腿，目视前方。

接上式，左手顺缠外翻下沉于腹前，手心朝上；右手握拳下沉落于左掌心内，拳心朝上，目视前方。

接上式，右拳逆缠向上提起，与右肩平，左腿屈膝松垮，提起右腿旋于裆内，脚尖自然下垂，目视前方。

接上式，右脚震脚落地，脚掌踏平，两脚间距约与肩同宽；右拳顺缠下落于左掌心，两臂撑圆，目视前方。

（三）第三式：懒扎衣

身体微左转，重心右移；右拳变掌，逆缠上拥于头右侧，左手逆缠下按至左胯侧，目视左前方。

接上式，两手由双逆缠变双顺缠划弧交叉于胸前，左手合于右臂内，手心朝外，右手心朝上；重心移至左脚，提右腿向横开一大步，脚跟内侧着地，脚尖上翘里合，目视身体右方。

接上式，身体左转，重心右移，右手顺缠上拥，目视右前方。

接上式，身体向右转，右手逆缠外开至右膝上方，松肩沉肘，略变顺缠，指尖高与眼平：左手顺缠经腹前至身体左侧，变逆缠叉腰，四指在前，拇指在后；重心在右腿，眼随右手转视前方。

（四）第四式：六封四闭

接上式，身体右转，重心略有右移，左手从腰间走上弧与右手相合；右手略前引下沉，目视右手中指端。

接上式，身体左转，重心左移，两手左逆右顺缠，自右向左捋，目视右前方。

接上式，身体继续左转，两手继续左逆右顺缠，向左上方捋，重心右移，目视左前方。

上动不停，重心继续右移，两手变左顺右逆缠向上划弧，合于左肩时，身体略右转，目视右前方。

接上式，重心不变，身体微右转下沉，两手合力走弧线向右前下方按，左脚收于右脚内侧 20 厘米处，脚尖点地，目视右前下方。

（五）第五式：单鞭

接上式，身体微右转，两手双顺缠，左前右后旋转，手心朝上；重心在右，左脚以脚尖为轴，膝随身转里合，目视两手。

接上式，身体左转，重心在右，左腿以前脚掌着地，膝随身转外摆；右手逆缠，五指合拢，走弧线，腕向上提与肩平；左手心朝上，随身转下沉于腹前，左肘掤劲不丢，目视右手。

接上式，身体右转，重心全移于右腿，左腿屈膝提起，左膝内扣；右手腕领劲，左手不动，松肩沉肘，上下相合，目视左前方。

接上式，右腿支撑重心，左脚跟内侧着地，向左铲地滑出，脚尖上翘里合，右手腕领劲，左手下沉合劲，目视左前方。

接上式，身体微右转，重心左移，成左弓步，左手穿掌上掤逆缠外翻至右胸前，目视前方，瞟视左手。

接上式，身体微左转，左手逆缠外开至左膝上变顺缠放松下沉，目随左手送至体侧后，再转视正前方。

（六）第六式：白鹤亮翅

接上式，身体左转，左脚尖外摆，右手勾手变掌，双手顺缠交叉合于胸前，左手手指朝上，手心朝右；右手手心朝上，指尖朝前，目视右前方。

接上式，身体左转，重心移到左腿，上右步，右手微顺缠加外拥劲。

接上式，身体右转，重心右移，两手同时逆缠外开，左手下按至左膝上方与胯平，手心朝下：右手上拥，手心朝外，两臂成半圆弧形。左脚上步收至右脚左前方，脚尖点地，目视前方。

（七）第七式：斜行

接上式，脚步不动，身体左转，左手逆缠后摆；右手顺缠，松肩沉肘，向左前划弧摆动，目视左前方。

接上式，身体右转，右脚尖右摆，左脚尖着地，左膝里合；左手随转身由左后向右上划弧，合于鼻前中线，立掌，掌心朝右；右手逆缠划弧下按于右腿外侧，手心朝下，目视左前方。

接上式，重心移至右腿，左腿屈膝提起，两手向右上拥，目视身体左前方。

接上式，身体下沉，左脚跟内侧着地向左前方开步，脚尖上翘，两手继续上拥，目视身体左前方。

接上式，身体左转，重心左移，左手逆缠，随身体左转走下弧至左膝下；右手顺缠向后环绕变逆缠合于右耳下，目视左前方。

接上式，身体继续左转，重心在左，左手五指合拢变勾手，弧线上提至与肩平，右手立掌合于胸前，目视前方。

接上式，身体右转，右手逆缠划弧向右拉开，松肩沉肘，含胸塌腰，松胯屈膝，目视前方。

（八）第八式：搂膝

接上式，身体下沉，松胯屈膝下蹲；两手先逆后顺略上领，再变顺缠下合于左膝上方，重心在左腿，目视前下方。

接上式，两手领劲上拥，左手在前，右手在后，立掌于胸前中线，随手上领，重心移至右腿；左脚收回至右脚左前方，脚尖点地，屈膝松垮，目视前方。

（九）第九式：拗步

接上式，身体微右转，两手右逆缠左顺缠后下捋，左腿屈膝提起，重心在右腿，目视前方。

接上式，身体微左转，右腿向前上步，脚跟着地，脚尖上翘，重心在右腿；同时两手左逆右顺缠，向上向前拥，目视前方。

接上式，身体左转，重心移至左腿，左手逆缠下按，右手逆缠向前推出。

接上式，右脚向前上步，脚跟着地，脚尖上翘，重心在左腿，身体微左转，左手下沉，右手前推，目视前方。

接上式，右脚尖外摆，重心移至右腿，提左脚向左前方上一步；身体随上步自左向右转体90°；右手逆缠下沉，左手顺缠上翻划弧经左耳变逆缠，与右手交叉相合于胸前，重心偏右腿，目视前方。

（十）第十式：掩手肱拳

接上式，身体略右转，重心左移，两手逆缠自下向左右分开，目视前方。

接上式，重心右移，身体略左转，右手顺缠上翻变拳合于右腰间，拳心向上；左手由逆缠变顺缠，立掌合于胸前正中线，目视前方。

接上式，右腿蹬地里合，身体迅速左转，松左胯，右拳逆缠螺旋前冲，左肘向后发劲，目视右拳前方。

（十一）第十一式：高探马

接上式，重心不变，身体右转，两拳变掌，左手逆缠前拥，右手逆缠下分，目视前方。

接上式，身体左转，重心右移，右脚尖内扣；右手顺缠外翻至身体右侧与肩平，再变逆缠合于右肩前，左手顺缠里合。目随右手旋转，再视左前方。

接上式，身体左转，重心在右脚，左脚向左后划弧，收于右脚内侧，脚尖点地；同时右臂松肩沉肘，顺缠向右侧推；左手顺缠收至腹前与脐平，手心向上，目视右前方。

（十二）第十二式：左蹬一根

接上式，左手逆缠外拥，右手先顺缠略里合再逆缠与左手同时外拥，两手心均朝外；同时，重心移到左腿，提右腿向右横开一步。

接上式，两手轻握拳，顺缠里合于腹前，拳心向里；同时，左腿屈膝提起，脚尖放松，悬于裆内，目视左前方。

接上式，右腿支撑重心，身体略右倾，左脚用腰裆弹力向左侧平蹬与腰平。两拳分别向左右冲击，力贯拳面。

（十三）第十三式：玉女穿梭

接上式，左脚落地，两拳变掌顺缠合于腹前。

接上式，重心左移，身体右转，两手随之后转掤于胸前，立掌，右手在前，左手在后，同时右脚以脚尖为轴右膝外摆，左脚尖内扣随身右转，目视前方。

接上式，屈膝松胯，身体下沉，两手双逆缠下合，目视前方。

接上式，两手顺缠迅速向上领起，双脚随之上纵离地，目视前方。

接上式，双震脚落地，双手逆缠随之下按，目视前方。

接上式，两手逆缠上掤，右腿随之屈膝提起，目视前方。

接上式，重心在左腿，身体迅速左转，右腿里合外蹬，右掌逆缠前推，左手逆缠，向左后发肘劲，目视右前方。

接上式，右脚跨步落地，重心移至右腿，身体微右转，左掌略下沉，目视前方。

接上式，右脚蹬地，弹起前纵，身体在空中向右旋转 180°，左手逆缠向左猛推，右掌向右开；左脚先落地，右脚从左脚后插过，脚尖着地，目视左侧。

接上式，身体右转 180°，重心移至右腿，左腿随转身里合；同时，两手随转体左顺右逆由左向右后转捋，目视左前方。

（十四）第十四式：云手

接上式，右手顺缠里合于腹前，掌心向左，左手逆缠里合外掤于左肩前，掌心向外；同时，右脚向左后插步，脚尖点地。

接上式，身体微右转，重心移至右腿，右脚踏实，提左腿向左前方横开一步；同时，右手逆缠外翻上掤，左手顺缠走下弧，里合于腹前，目视左前方。

接上式，身体微右转，左手由顺缠变逆缠，划弧外翻上掤，右手变顺缠里合于腹前；同时，重心移至左腿，右脚插步于左脚左后方，目视左前方。

（十五）第十五式：转身双摆莲

接上式，两手左顺右逆缠向右后方捋；身体先以左脚跟为轴，再以右脚跟为轴向右后旋转 180°。右手位于胸前中线，掌心朝右上方，左手拉于左肩前，掌心向上，目视左前方。

接上式，重心右移，身体微右转，左腿屈膝提起，向左前方开步；两手向右后方掤，目视前方。

接上式，身体向右转，重心左移，两手由后捋转为走下弧向前合劲，合于右腰侧，目视前方。

接上式，重心在左腿，提右腿向左走下弧向上，再向右摆击，两手掌向前与右脚外侧击拍相合，目视前方。

（十六）第十六式：当头炮

接上式，拍脚后，右腿向右后撤一步，两手逆缠向左上掤，重心在左腿，目视前方。

接上式，身体微右转，重心移至右腿；同时，两手左顺右逆缠随重心后移下捋再变拳合于右胸侧，目视左前方。

接上式，右脚蹬地，重心迅速由左腿移至右腿，身体随之左转；同时两拳合力向前发劲，拳眼向上，拳心相对，目视前方。

（十七）第十七式：金刚捣碓

接上式，两拳变掌左顺右逆向右后上方捋带，同时重心由左向右移，目视左前方。

接上式，身体随重心移动向左转45°；两手左逆右顺缠走下弧向前拥。左手拥至胸前，手心朝下，右手下沉至右膝内上方，手心朝外，指尖朝后，目视前方。

接上式，左手向前撩掌，向上再向内环绕合于胸前右小臂内侧；同时，右手领右脚弧线向前上托掌于右胸前与左手相合。右手心朝上，左手心朝下；右脚经左脚内侧向前上步，脚尖点地，重心在左腿，目视前方。

接上式，左手顺缠外翻下沉于腹前，手心朝上：右手握拳下沉落于左掌心内，拳心朝上，目视前方。

接上式，右拳逆缠向上提起与肩平，右腿屈膝松胯提起，右脚悬于裆内，脚尖自然下垂，目视前方。

接上式，右脚震脚落地，脚掌踏平，两脚间距同肩宽；右拳顺缠下沉落于左掌心内，两臂撑圆，目视前方。

（十八）第十八式：收势

接上式，右拳变掌，两手向左右下分，身微下沉，屈膝松胯，目视前方。

两手同时各向左右划外弧合于两肩前，目视前方。

接上式，两手顺身体两侧缓缓下按于两大腿外侧，目视前方。

接上式，身体慢慢立起，恢复到自然站立姿势，目视前方。

第六节 女子防身术

一、女子防身术概述

防身术是当人身受到威胁、侵害时采取的，以保护自己为目的的技击术。女性用于抗暴御侮的技击术称为女子防身术。

（一）女子防身术的原则

女子防身术防卫的对象通常是男性。从生理角度来说，女性的体型骨骼较小，力量、速度和耐久力都比男性差，所以需要以智取胜。总的来说，女子防身术有以下两个原则：

(1) 想办法逃跑永远是第一选择。不论女性多么强壮，功夫多么高强，单独一人面对歹徒都是极其危险的。因此，当女性独自一人出行时，应该加强观察，一旦发现有可疑人员向自己走近时，就要及时逃离现场，并且拿出手机拨打报警电话。

(2) 胆大心细，沉着冷静。在面对歹徒时，一般人由于心理上的恐惧而容易发抖、肌肉发僵，动作呆滞、笨拙，从而错失制服歹徒的有利时机。在这种情况下，正确的做法是沉着冷静，以巧制胜。

（二）女子防身术的特点

女子防身术是从女性身体特点出发，结合遭遇的具体情况而实施的独特的防身术。它不同于传统武术、散打、拳击等擂台上的竞技体育运动，相较之下具有一些独特之处。

（1）简单实用。女子防身术是一种以迅速摆脱危险境地为目的，尽量以一招制胜来捍卫自身安全的搏斗技术。其技术简洁明快，战术简明实用，而且打击部位明确，要求快、准、狠地击打歹徒，从而实现迅速逃脱。

（2）科学性。女性想要取得抗击暴力违法犯罪行为的胜利，必须掌握一定的知识和技巧。在模拟训练中，教师应根据女性的身体和心理特点为学生制定训练内容和方法，从学习、训练到实战对抗，循序渐进，由易到难。

（3）随机应变性。使用女子防身术是为了自我防卫、摆脱危险，因此，在实际搏斗过程中必须运用一切可能用到的技术动作和身边的物品，比如采用拳打脚踢、顶裆、掐捏、口咬等方式，利用随身携带的包、梳子、鞋、发卡、雨伞、发胶水以及现场的沙土、砖瓦、木棍等物品，尽最大限度去打击歹徒，以保证自己的安全。

（4）伪装性。伪装性指女性在搏斗过程中要掩饰自己的防卫动机，甚至利用各种假动作和表情来欺骗对方，趁其不备，出奇制胜。女性在受到侵害时多处于弱势，以硬碰硬很难取胜，如果将计就计，有效地利用女性自身的“弱”的表象，诱敌深入，让对方疏于防范，伺机接近对方，然后抓住时机采用合理、有效的方法进攻，就可能有机会实现逃脱，甚至将对方制服。

（三）女子防身术常用技法

女子防身术常用技法如下：

（1）头法。以额头为武器攻击对方，在女子防身术中称为头法。头部虽然分布着大量要害薄弱部位，但头部有坚实的区域，这就是前额。

（2）拳法。手是最灵活的，在女子防身术中，手的威力最大，而手的攻击形式以拳为主，所以拳是最主要的攻击武器。常见的拳法有直拳、勾拳、劈拳、鞭拳。

（3）掌法。常见的掌法有插掌、砍掌、撩掌、推掌、平掌、虎爪、掌根。

（4）肘法。由于肘部的生理结构特点，击打力量较之其他技法（掌法、拳法等）更重、更狠。常见的肘法有顶肘、挑肘、横肘、砸肘、反手横肘。

（5）膝法。用膝攻击，距离一定要近，因为膝与腿不同，膝比大腿、小腿短了许多，不到位或勉强到位，对方稍微弯腰躬身就化解了。常见的膝法有提膝、侧撞膝。

（6）腿法。腿法可分为屈伸性腿法和直摆性腿法。直摆性腿法（如摆腿、后扫腿等）难度较大，未经长期特殊练习，不会有较大威力。考虑到女性各方面的条件，女性在自卫时用屈伸性腿法更合适。常见的屈伸性腿法有蹬腿、弹腿、踹腿。

二、危境反击技能

（一）胳膊被抓时的防卫技术

歹徒抓住女性胳膊时，一般都是向自己拉扯。此时，歹徒的手腕虎口处空虚无力，被抓者手臂应以歹徒虎口为突破点用力上挑，逃脱歹徒的掌控。

（二）头发被抓时的防卫技术

歹徒抓住女性头发往前拖曳时，一般都是身内拖曳。因此，裆部要害部位便全部暴露，并正处于被抓者面对的方向。这时，被抓者应趁被抓扯俯身向前窜而站立不稳之机，借着抓拉之力的惯性，将膝头高提，以提膝的打法猛撞歹徒裆部。若女性被歹徒抓着头发往前走，女性应以手掌自歹徒后裆猛地插入，使用掏裆法。此外，头发被抓时，女性也可以掌尖顺着歹徒的手臂猛力插击其腋窝。

（三）从身后被抱住时的防卫技术

当女性被歹徒从身后抱住时，若女性的手臂未被抱住，可抬手以反手横肘向后猛击歹徒的太阳穴，也可以反方向折其拇指或小手指，或可用脚跟猛踩其脚面。如果手臂也一起被抱住，可伸手抓、握、提歹徒的裆部。因为是反手掏裆，所以一定要准确。歹徒抱住女性腰际时，其必然弯腰，头部较低，这时女性可猛仰头以后脑击其面部。

（四）单肩被抓时的防卫技术

女性单肩被抓时，可用右手按压住歹徒的手掌部位，左手肘部从上向下用力按压歹徒的肘关节处；也可用右手按压住歹徒的手掌部位，用左手掌拧压歹徒的肘关节处。

（五）双肩被抓时的防卫技术

女性双肩被抓时，歹徒的裆部和腋下全部暴露，女性可用掌尖猛刺歹徒的腋下，也可抬膝踢歹徒的裆部，还可用拳击打歹徒的肋骨处。

（六）仰卧被压时的防卫技术

当歹徒跨立于女性身体上方，俯身抓、掐、压时，女性可以抬腿蹬击其裆部。如果手臂未被控制住，在较近的距离内可以直接用手指快速戳击歹徒的眼睛，或用掌根自下而上重击歹徒的鼻子，有意想不到的效果。在手臂被控制的情况下，可以用头撞歹徒的鼻梁，抬头要猛。

第七节 八段锦和五禽戏

八段锦是我国古代的导引术，其动作古朴优雅，健身效果明显，易学且安全。因其由八个动作组成，又如丝锦般华贵，故名八段锦。

五禽戏又称“五禽操”“五禽气功”“百步汗戏”等，其动作模仿虎、鹿、熊、猿、鸟五种动物，仿效虎之威猛、鹿之安舒、熊之沉稳、猿之灵巧、鸟之轻捷，具有形神兼备、内外合一、疏通筋骨、防治百病、延年益寿的特点与功效。

一、八段锦

八段锦包括起势（并步、抱球桩）、第一式（两手托天理三焦）、第二式（左右开弓似射雕）、第三式（调理脾胃须单举）、第四式（五劳七伤往后瞧）、第五式（摇头摆尾去心火）、第六式（两手攀足固肾腰）、第七式（攒拳怒目增气力）、第八式（背后七颠百病消）、收势（男生左手在内，女生右手在内），如图 10-21 所示。

二、五禽戏

五禽戏包括起势（并步站立、开步站立）、虎戏（虎举、虎扑）、鹿戏（鹿抵、鹿奔）、熊戏（熊运、熊晃）、猿戏（猿提、猿摘）、鸟戏（鸟伸、鸟飞）、收势，如图 10-22 所示。

图 10-21　八段锦

（a）并步；（b）抱球桩；（c）两手托天理三焦；（d）左右开弓似射雕；（e）调理脾胃须单举；（f）五劳七伤往后瞧；（g）摇头摆尾去心火；（h）两手攀足固肾腰；（i）攒拳怒目增气力；（j）背后七颠百病消；（k）收势

图 10-22 五禽戏

(a) 并步站立；(b) 开步站立；(c) 虎举；(d) 虎扑；(e) 鹿抵；(f) 鹿奔；
(g) 熊运；(h) 熊晃；(i) 猿提；(j) 猿摘；(k) 鸟伸；(l) 鸟飞

第十一章　健　美　操

健美操是一项将体操、音乐、舞蹈有机融合，追求人体健康与美的运动项目，集艺术性、观赏性及竞技性于一体。健美操以有氧练习为基础，以健、力、美为特征，可以徒手或手持器械进行练习。

第一节　健美操概述

一、健美操的起源与发展

现代健美操于1968年起源于美国。1980年，世界健美操冠军联合会成立。1983年，国际健美操联合会成立。1992年，中国健美操协会正式成立，之后健美操在我国得到大力推广。健美操以其鲜明的韵律感、全面的协调性、广泛的适用性、显著的实效性风靡全球。

二、健美操的概念与分类

（一）健美操的概念

健美操是在音乐伴奏下，以身体练习为基本手段，以有氧运动为基础，达到增进健康、塑造形体和娱乐目的的一项体育运动。

（二）健美操的分类

健美操的分类如下：

（1）根据练习的主要目的和任务，可将健美操分为竞技健美操、健身健美操、表演健美操；

（2）根据练习形式，可将健美操分为徒手健美操、器械健美操和特殊场地健美操；

（3）根据性别特征，可将健美操分为女子健美操和男子健美操；

（4）根据年龄特征，可将健美操分为幼儿健美操、儿童健美操、少年健美操、青年健美操、中年健美操和老年健美操；

（5）根据锻炼部位，可将健美操分为颈部健美操、肩部健美操、臂部健美操、胸部健美操、腹部健美操、腰部健美操、髋部健美操、腿部健美操等。

（三）健美操的特点与作用

1. 健美操的特点

健美操的特点如下：

（1）适用于各类人群；

（2）健身美体实效性强；

（3）具有鲜明的节奏感和韵律感；

（4）健身安全性高；

（5）在创新中不断发展。

2. 健美操的作用

（1）增进健康、增强体质；

（2）塑造健美形体，提高审美能力；

（3）缓解精神压力，娱乐身心。

第二节 健美操的基本动作

一、常用上肢动作

（一）手型

健美操中，手掌随臂的姿态而灵活变化，一般而言，手臂伸展时，手指和手腕随之伸展，手背呈反弓形；手臂弯曲时，手指、手腕放松，从肩至手指成一柔和弧线。恰当地运用各种手型，能使手臂动作丰富多彩、生动活泼。健美操常见手型有以下九种：

（1）并拢式。五指伸直并拢，大拇指微屈，指关节贴于食指旁。

（2）分开式。五指用力伸直，充分张开，手腕保持一定的紧张程度。

（3）一指式。握拳，食指或大拇指伸直。

（4）芭蕾手式。五指微屈，后三指并拢、稍内收，大拇指内扣。

（5）拳式。握拳，大拇指在外，指关节弯曲，紧贴于食指和中指。

（6）立掌式。五指伸直，手掌用力上翘。

（7）西班牙舞手式。五指用力，小拇指、无名指、中指自学指关节处依次屈曲，大拇指稍内扣。

（8）花式。在分开式的基础上小指伸直向掌心回弯到最大限度，无名指会随小指回弯。

（9）剑指。大拇指与无名指、小指相叠，中指、食指并拢伸直。

（二）手臂动作

健美操的手臂动作包括举、屈、绕、绕环等，见表11-1。

表11-1 健美操手臂基本动作

动作分类	动作界定	动作变化
举（摆/提/拉）	以肩为轴，臂伸直向某方向抬起并停止在某一部位，活动范围不超过180°	单或双臂的前、后、侧举。其中，双臂既可做相同动作，又可做不同动作；既可同时，又可依次，还可交叉
屈	肘关节产生一定的弯曲角度	包括胸前平屈、肩侧屈、肩上侧屈、肩下侧屈、肩上前屈、腰间屈、头后屈。既可一臂做动作，也可两臂同时做相同动作，还可两臂依次做相同动作
绕（绕环）	以肩关节为轴，手臂在180°～360°的运动为绕；大于360°的圆周运动为环绕	单或双臂的前、后、内、外绕（环绕），小绕、中绕、大绕；两臂动作既可以同时，又可以依次

二、躯干动作

健美操的躯干动作主要包括头颈部、肩部、胸部、腰部、髋部的动作，如图 11-1 所示。综合运用各部位的动作，可以完成躯干的波浪动作。躯干的波浪动作可向前后左右依靠身体各部位依次完成，动作要协调、连贯。

(a) (b) (c) (d) (e)

图 11-1 躯干动作

(a) 头颈；(b) 肩；(c) 胸；(d) 腰；(e) 头颈

三、基本步法

健美操的基本步伐有五类：交替类、点地类、迈步类、抬腿类和双腿类。

(一) 交替类

1. 踏步

如图 11-2 所示，两腿原地依次抬起，依次落地，两臂自然前后摆动；落地时，由脚尖过渡到脚跟，踝、膝、髋关节依次有弹性地缓冲。

2. 走步

如图 11-3 所示，迈步向前走时，脚跟先落地，过渡到全脚掌；向后走时则相反，其技术要点基本与踏步相同。

3. 一字步

如图 11-4 所示，一只脚向前一步，另一只脚并于前脚，然后依次还原。前后均要有并脚过程；每一拍动作膝关节始终有弹性地缓冲。

图 11-2 踏步

图 11-3 走步

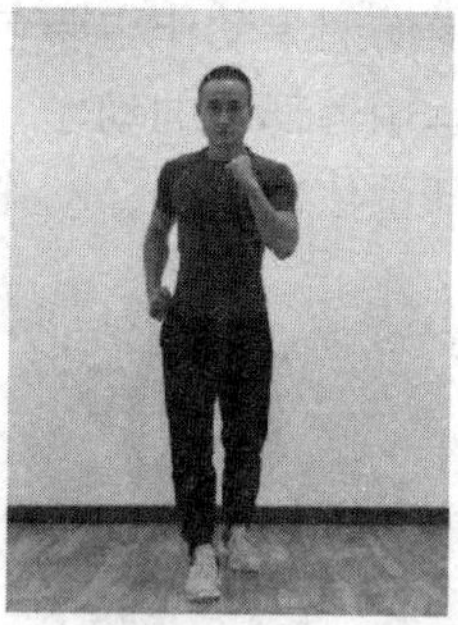
图 11-4 一字步

4. V 字步

如图 11-5 所示，一只脚向前侧方迈一步，另一只脚随之向另一侧方迈一步，成两脚开立，屈膝，然后依次退回原位。两脚间距离略比肩宽，重心落于两腿之间。

5. 漫步

如图 11-6 所示，一只脚向前迈出，屈膝，重心随之前移，另一只脚稍抬起，然后原地落下；或向后撤一步，重心后移，另一只脚稍抬起，然后原地落下。动作要富有弹性，身体重心随之前后移动。

6. 后踢腿跑

如图 11-7 所示，两腿依次腾空后，一脚落地缓冲，另一腿小腿后屈，两臂前后自然摆动，膝、踝关节有弹动地缓冲，落地时由前脚掌过渡到全脚掌着地。

图 11-5 V 字步

图 11-6 漫步

图 11-7 后踢腿跑

（二）点地类

1. 脚尖点地

如图 11-8 所示，一条腿稍屈膝站立，另一条腿伸出（向前、向后、向一侧），脚尖点地，然后还原到并腿姿势。支撑腿始终保持屈膝站立，并随动作有弹性地屈伸。

图 11-8 脚尖点地

2. 脚跟点地

如图 11-9 所示，一条腿稍屈膝站立，另一条腿伸出，脚跟点地，然后还原到并腿姿势。只可做向前和向侧的脚跟点地。

图 11-9 脚跟点地

（三）迈步类

1. 并步

如图 11-10 所示，一只脚迈出，另一只脚随之并拢屈膝点地；再向反方向迈步。两膝保持弹动，重心随之移动，动作幅度和力度可随风格而定。

2. 并步跳

如图 11-11 所示，以右脚起步为例，右脚迈出，随之蹬地跳起，左脚并右脚，并腿落地。身体重心随身体迅速移动，落地时注意缓冲。

3. 侧交叉步

如图 11-12 所示，一只脚向侧迈一步，另一只脚在其后交叉，随之再向侧迈一步，另一只脚并拢，屈膝点地。第一步脚跟先落地，屈膝缓冲，身体重心随脚步快速移动。

图 11-10 并步

图 11-11 并步跳

图 11-12 侧交叉步

4. 侧交叉步跳

如图 11-13 所示，一只脚向侧迈一步，另一只脚在其后交叉，随之第一只脚再向侧迈一步，另一只脚并拢，同时两脚轻轻跳起，落地屈膝缓冲。第一步脚跟先着地，身体重心快速随着脚步移动而移动，保持膝、踝关节的弹动。

5. 迈步点地

如图 11-14 所示，一只脚向侧迈一步，经两膝弯曲，随之身体重心移至一侧腿，另一腿伸直，脚尖或脚跟点地。重心移动明显，两膝有弹性地屈伸，上体不要扭转。

6. 小马跳

如图 11-15 所示，左腿蹬地跳起，同时右腿向侧迈步落地，随之左腿并右脚点地，随后反方向做一次，动作相同，但方向相反。两脚轻快蹬跳、落地，身体重心随之平稳移动，注意膝、踝关节的弹动。

图 11-13　侧交叉步跳

图 11-14　迈步点地

图 11-15　小马跳

7. 迈步吸腿

如图 11-16 所示，一只脚迈出一步，另一条腿屈膝抬起，然后向反方向迈步；支撑腿保持屈膝弹动，大腿上抬超过水平，小腿自然下垂绷脚尖，上体保持正直。

8. 迈步吸腿跳

如图 11-17 所示，右脚向前迈出一步，之后身体重心跟进，同时左腿抬起，抬起 90°时，两脚起跳；跳起时，上体保持正直，收腹立腰。

9. 迈步后屈腿

如图 11-18 所示，一只脚迈出一步，另一条腿后屈，然后向相反方向迈步，经过屈膝半蹲，支撑腿保持有弹性地屈伸，后屈腿的脚后跟向着臀部。

10. 迈步后屈腿跳

如图 11-19 所示，一条腿侧迈一步，另一条腿向后屈膝，同时两脚起跳，缓冲落地；两腿跳起时，屈膝脚尖绷直，落地时，两腿膝关节微屈，不宜伸直。

图 11-16　迈步吸腿

图 11-17　迈步吸腿跳

图 11-18　迈步后屈腿

图 11-19　迈步后屈腿跳

（四）抬腿类

1. 吸腿

如图 11-20 所示，一条腿屈膝抬起，落地还原。上体保持正直，大腿用力上提超过水平，小腿自然下垂。

2. 吸腿跳

如图 11-21 所示，一条腿屈膝抬起，落下还原；另一只脚离开地面，向上跳起。支撑腿保持屈膝弹动，大腿上抬至水平，上体保持正直，注意身体的稳定性。

3. 摆腿

如图 11-22 所示，一条腿稍屈膝站立，另一条腿做摆动。摆腿时，上体顺势前倾、后倾或侧倾。

4. 摆腿跳

如图 11-23 所示，一条腿自然摆动，另一条腿向上跳起，落地时两腿屈膝缓冲。保持上体正直；支撑腿屈膝缓冲，摆动腿抬起时幅度不要过大，且要有控制。

图 11-20 吸腿

图 11-21 吸腿跳

图 11-22 摆腿

图 11-23 摆腿跳

5. 踢腿

如图 11-24 所示，一条腿稍屈膝站立，另一条腿抬起，然后还原。踢腿时，加速用力且有控制，上体保持正直。

图 11-24 踢腿

6. 踢腿跳

如图 11-25 所示，一只脚蹬地跳起，另一条腿抬起向前或向侧，然后还原。抬起腿不需要很高，但要有控制，保持上体正直。

7. 弹踢

如图 11-26 所示，一条腿站立（蹬跳），另一条腿先向后屈，再向前下方弹踢，还原。腿弹出时要有控制，两膝盖紧靠，弹踢腿的脚尖要绷直，上体保持正直。

8. 弹踢腿跳

如图 11-27 所示，两脚起跳，单脚落地，另一条腿小腿后屈，然后小腿前踢伸直。腿弹出时要有控制，保持上体正直。

9. 后屈腿跳

如图 11-28 所示，一条腿站立蹬地跳起，另一条腿向后屈膝折叠，放下腿还原，后屈腿脚跟靠近臀部，支撑腿有弹性地缓冲落地，两膝并拢。

图 11-25 踢腿跳

图 11-26 弹踢

图 11-27 弹踢腿跳

图 11-28 后屈腿跳

（五）双腿类

1. 并腿跳

如图 11-29 所示，两腿并拢跳起，落地缓冲且有控制。

2. 开合跳

如图 11-30 所示，由并腿跳起，分腿落地，再由分腿跳起，并腿落地。分腿屈膝蹲时，两脚自然外开，膝关节沿脚尖方向弯曲；落地时，屈膝缓冲，脚跟着地。

3. 弓步跳

如图 11-31 所示，并腿向上跳起，前后成分腿姿势落地，接着再向上跳起，并腿落地；落地时，膝关节有弹性地缓冲，分腿落地时双脚尖朝前方，并且基本都在一条线上。

4. 分腿半蹲跳

如图 11-32 所示，分腿分立，屈膝半蹲（大、小腿夹角不小于 90°），向上跳起，分腿落地屈膝缓冲。

图 11-29 并腿跳

图 11-30 开合跳

图 11-31 弓步跳

图 11-32 分腿半蹲跳

5. 膝弹动

如图 11-33 所示，两腿并拢，膝关节有弹性地屈伸。膝关节由弯曲到还原，还原时膝关节应处于微屈状态。

6. 踝弹动

如图 11-34 所示，两腿伸直或屈膝，踝关节有弹性地屈伸。脚尖或脚跟抬起时，保持身体的稳定性和踝关节的弹性。

图 11-33 膝弹动

7. 半蹲

半蹲分为并腿半蹲和分腿半蹲，不论哪种，两腿均有控制地同时屈和伸。如图 11-35 所示，分腿半蹲时，两腿左右分开稍大于肩，脚尖稍外展，膝关节角度不小于 90°，与脚尖方向一致，上体保持直立。

8. 弓步

如图 11-36 所示，两脚前后分开，平行站立，一条腿屈膝，脚尖与膝垂直，另一条腿伸直，重心落于两脚之间；也可两膝皆屈，后腿的大腿垂直于地面。

9. 移重心

如图 11-37 所示，以两脚开立为初始动作，两腿屈膝下蹲之后，身体向右侧移动重心，右脚全脚掌着地，左脚脚尖点地，身体重心的移动要保持平稳。

图 11-34 踝弹动

图 11-35 半蹲

图 11-36 弓步

图 11-37 移重心

第三节 健美操设计

一、健美操动作设计

健美操的动作设计指根据不同种类健美操的目的、特定要求以及相应的规则和规程，创编健美操成套动作。

二、健美操音乐设计

通常情况下，健美操由动作和音乐两部分组成，它们有着自己独特的规律，同时又相互依存、彼此交融。这里谈及的健美操音乐，仅针对传统有氧健身操及竞技健美操。

（一）健身操音乐

健身操音乐是在遵循健身操运动规律的基础上产生的。健身操的音乐结构基本应保证乐句、乐段的完整，很少出现过渡与连接，通常会把几段不同的音乐结合串联在一起，使其在段落、速度等方面基本保持一致。

（二）竞技健美操音乐

为了体现运动员的竞技能力并增加艺术的效果，激荡感染裁判和观众的心灵，竞技健美操音乐在结构上较为复杂，通常起伏较大。

三、健美操舞美设计

健美操舞美设计是交叉性的综合艺术，它几乎包罗万象，又融为一体。健美操舞美设计通过舞台、布景、音效、灯光、服装、道具、化妆设计等艺术传达手段体现出来。

第四节 健身性健美操的比赛规则

一、规则概述

（1）比赛内容。规定动作比赛（《全国健美操大众锻炼标准》）、自选动作比赛。

（2）参赛人数。规定动作每队5人，性别不限，或按比赛规程执行；自选动作可分为个人、双人和集体项目等，性别按规程执行。

（3）成套动作时间。规定动作的成套动作时间按《全国健美操大众锻炼标准》规定时间执行：自选动作的成套动作时间为2分钟~2分钟15秒，计时从动作开始到动作结束。

（4）音乐伴奏。主办单位提供《全国健美操大众锻炼标准》规定动作音乐并统一播放；自选动作音乐由参赛队自备，音乐必须录在磁带A面或光盘的开头，必须准备2份，其中1份报到后交大会放音组；自选动作音乐允许有2×8拍的前奏，音乐速度不限。

二、成套动作的评分

（一）规定动作评分（10分制）

规定动作的评分情况见表11-2。

表11-2 规定动作评分

扣分表				
评分因素	内容	一般/分	较差/分	不可接受/分
表演和团队精神（4分）	表现力与热情	0.1~0.2	0.3~0.4	0.5或更多
	队形	0.1~0.2	0.3~0.4	0.5或更多
	一致性（每次）	0.1	0.2	0.3
动作完成（6分）	动作的正确性	0.1~0.2	0.3~0.4	0.5或更多
	动作不熟练、漏做动作	0.1~0.2	0.3~0.4	0.5或更多
	身体的协调性	0.1~0.2	0.3~0.4	0.5或更多

续表 11-2

扣分表				
评分因素	内容	一般/分	较差/分	不可接受/分
动作完成（6分）	动作连接	0.1~0.2	0.3~0.4	0.5或更多
	改变动作或附加动作	0.1~0.2	0.3~0.4	0.5或更多
	动作充分表现音乐的情绪	0.1~0.2	0.3~0.4	0.5或更多
	动作和音乐节奏配合准确	0.1~0.2	0.3~0.4	0.5或更多

（二）自选动作评分（10分制）

自选动作的评分情况见表11-3。

表11-3 自选动作评分

扣分表				
评分因素	内容	一般/分	较差/分	不可接受/分
动作设计（集体3分/个人4分）	主题健康、充满活力	0.1~0.2	0.3~0.4	0.5或更多
	风格突出、富有创意	0.1~0.2	0.3~0.4	0.5或更多
	动作类型丰富，动作的转换自然流畅	0.1~0.2	0.3~0.4	0.5或更多
	服饰选择美观协调	0.1~0.2	0.3~0.4	0.5或更多
	音乐的选择与动作风格相一致并配合协调，录音质量高、清晰	0.1~0.2	0.3~0.4	0.5或更多
	充分利用场地和空间	0.1~0.2	0.3~0.4	0.5或更多
	安全性	0.1~0.2	0.3~0.4	0.5或更多
	每出现一个不安全动作	0.2		
动作完成（集体4分/个人4分）	动作完成轻松、准确、流畅	0.1~0.2	0.3~0.4	0.5或更多
	动作完成能体现所选择主题的风格和特点	0.1~0.2	0.3~0.4	0.5或更多
	动作与音乐协调一致	0.1~0.2	0.3~0.4	0.5或更多
	基本姿态和技术正确，动作优美	0.1~0.2	0.3~0.4	0.5或更多
集体表演和团队精神（3分）	表现力与热情	0.1~0.2	0.3~0.4	0.5或更多
	队形	0.1~0.2	0.3~0.4	0.5或更多
	一致性（每次）	0.1	0.2	0.3
个人表演	表现力与热情	扣至0.3	0.3~0.4	0.6或更多

三、违例动作

违例动作包括：

（1）各种竞技体操和技巧运动的翻转与抛接动作；

（2）过度背弓；

（3）无支撑体前屈；

（4）仰卧翻臀；

（5）头绕环和过度头后仰；

（6）膝转；

（7）足尖起；

（8）仰卧直腿起坐、仰卧直腿举腿、仰卧两头起；

（9）臀部低于膝关节的深蹲；

（10）高难度托举动作。

不鼓励做竞技健美操中的难度动作；否则不仅不予加分，对错误动作还会减分。

四、特殊情况

运动员在遇到以下特殊情况时，应立即停止做动作并向裁判长反映，在问题解决后重做，在成套动作结束后提出的要求将不被接受：

（1）播放错音乐；

（2）由于音响设备而出现的音乐问题；

（3）由于设备问题而出现的干扰——灯光、舞台、会场；

（4）其他任何异物进入比赛场地；

（5）运动员责任外的特殊情况引起的弃权。

第十二章　户 外 运 动

户外运动通常用来指在自然环境中进行的带有探险或者体验探险性质的运动项目群。常见的户外运动包括攀岩、定向运动、拓展训练等。在充分掌握安全知识的前提下参与这些户外运动项目，能和传统运动项目形成有效的互补，对培养学生的运动素养、增进心理健康，具有不可替代的作用。

第一节　户外运动概述

本节介绍了户外运动的起源、分类与健身价值，以及户外绳结、户外运动装备等基础知识，目的是使学生初步了解户外运动的相关知识，帮助学生打好理论基础。

一、户外运动的起源与发展

户外运动最早诞生于16世纪的欧洲，这一运动最早的运动项目是登山运动。19世纪中叶，世界上最早的户外运动俱乐部在德国诞生，这个以登山、徒步为主要运动项目的组织是现代户外运动俱乐部的雏形。18世纪90年代，高山滑雪运动的出现吸引了一大批冒险旅游者，爬山和登山这两项运动开始受到了人们的热烈欢迎。登山者为了能够登上难度更大的高山，不仅开始注意登山技术的研发，而且逐渐重视登山装备的应用。大约在20世纪40年代，登山技术得到了进一步发展，攀岩和野营等项目应运而生，越来越多的户外运动项目发展起来，户外运动由探险旅游逐渐演变为拥有众多单项运动的体育运动项目群。

二、户外运动的定义与分类

（一）户外运动的定义

户外运动指的是人们为了满足增进健康、愉悦身心、亲近自然、挑战自我、寻求刺激和冒险等需求，在陆地、水域和空中等特定的自然环境中，以体育运动的方式进行的户外体验活动。户外运动具有鲜明的探索性、挑战性、休闲性和健身性的特点。

（二）户外运动的分类

户外运动主要有四种分类方法，见表12-1。

表12-1　户外运动分类

分类依据	大　　项	系列或项目（举例）
按照目的性质划分	休闲时尚类户外运动	漂流、扎筏、宿营、滑沙、滑雪等
	探险越野类户外运动	洞穴探险、翼装飞行、定向运动等
	野外生存类户外运动	沙漠生存、戈壁生存

续表 12-1

<table>
<tr><th>分类依据</th><th>大　项</th><th colspan="2">系列或项目（举例）</th></tr>
<tr><td rowspan="3">按照组织形式划分</td><td>竞技比赛类户外运动</td><td colspan="2">定向、越野、攀岩</td></tr>
<tr><td>健身类户外运动</td><td colspan="2">登山、徒步、穿越</td></tr>
<tr><td>教育培训类户外运动</td><td colspan="2">拓展训练</td></tr>
<tr><td rowspan="2">按照身体能力划分</td><td>体能主导类户外运动</td><td colspan="2">沙漠穿越、戈壁穿越、登山等</td></tr>
<tr><td>技能主导类户外运动</td><td colspan="2">定向、探险、丛林急救等</td></tr>
<tr><td rowspan="6">按照地理条件和自然场地划分</td><td rowspan="4">陆地户外运动</td><td>山地户外</td><td>露营、攀岩等</td></tr>
<tr><td>荒漠户外</td><td>沙漠生存、穿越等</td></tr>
<tr><td>海岛户外</td><td>救援、负重、滑沙等</td></tr>
<tr><td>高远户外</td><td>滑雪、登山、徒步等</td></tr>
<tr><td>空中户外运动</td><td colspan="2">滑翔、跳伞、热气球、翼装飞行等</td></tr>
<tr><td>水上户外运动</td><td colspan="2">漂流、扎筏、泅渡等</td></tr>
</table>

三、户外运动的组织机构与赛事

在我国，户外运动的组织管理机构主要有国家体育总局登山运动管理中心和中国登山协会。国际上户外运动的组织管理机构主要是国际登山联合会。

户外运动赛事比较丰富，主要有都市越野挑战赛、大众性探险越野赛、野外生存技能大赛、露营大会、徒步大会等。

四、户外结绳技术

结绳技术对于户外运动的运动者来说非常重要，是户外运动的基本技能之一。户外运动常用的结绳技术如下：

（1）单结。单结是结绳技术中较为简单的一项结绳技术，只需要将活动端绳头穿过绳圈即可。

（2）双套结。双套结是户外活动中较为常用的一种结绳方法，其是一种连接开放性固定点（如树桩、铁锁等）的绳结方式。双套结在使用时一定要打紧，否则绳索会滑动。

（3）布林结。布林结一般用于绑在绳索或保护点上，布林结最后一定要打绳尾结。

（4）平结。平结的作用比较多，它可以用来捆扎行李、包裹或包扎伤口等，也可以作为垂降用绳结（注意两端绳头必须打上防脱结固定）。

（5）水结。水结的端点在不受力时很容易松动，所以在打结的时候尾端一定要留长一点，并在使用前要用身体的重量去拉拉看，以确保不会一拉就开。

（6）渔人结。渔人结主要用于两条主绳的连接，一般是连接直径相同且小于 8 毫米的圆绳。在做成绳套时，绳尾应留绳子直径的 8～10 倍长，并且用胶布缠好。渔人结有单渔人结和双渔人结之分，前面介绍的是双渔人结。

（7）“8”字结。“8”字结也可以分为单“8”字结、双“8”字结和编式“8”字结，是用来连接固定点的结，常用于户外攀岩运动保护连接。

（8）抓结。抓结可用于快速地建立一套依附绳索上攀或下降的系统，从而替代上升器或下降器在行进、上升、下降中起到自我保护的作用，它也是救援时滑轮系统的重要组成部分。

（9）意大利半扣。意大利半扣可用来代替下降器或在多段攀登中起到保护作用，尤其适合确保先锋攀登者或下降攀登者的安全。

（10）蝴蝶结。蝴蝶结可承受任何一端或绳圈的拉力而不会松开，可以用有锁钩环穿过绳圈与安全带或其他物体连接。打完结后两个绳头应该是成一条直线的。

（11）接绳结。接绳结是一种用于连接两条粗细及材质不同的绳索的结。将一条粗绳的末端对折，把另一条细绳从对折绳圈的下方穿过，然后将细绳压在它自己和粗绳的中间，形成“X”形状，最后再将绳子收紧，这样就可以做成一个非常坚固的接绳结了。

（12）盘绳。盘绳分为两种：场地盘绳和野外盘绳。场地盘绳比较简单，一般是一手拿着绳子的一端，另一手捋绳子同臂展后，将绳子交替往返放在握绳端的手中，然后分别做两个半绳环，用末端绳子并排缠绕绳 4 ~6 圈后，将绳头压在半绳环中，抽出半绳环成整绳环即可，最后进行绳子末端的处理。野外盘绳是先握两个绳头，捋顺并检查绳子，找到绳子的中间，然后一手握绳的中部，另一手捋绳搭在肩膀上，两手交替折叠绳子于肩上，绳环与臂同长，最后卸下绳子，缠绕 4 ~6 圈后从绳眼掏绳形成绳环套上即可；留出足够的末端绳长，可以将绳子背负在身上，如图 12-1 所示。

图 12-1　野外盘绳

第二节　攀 岩 运 动

攀岩运动是一项集智力、体力、技术于一体的体育项目。本节从攀岩运动的起源与发展、场地与装备、基本技术与训练等方面对攀岩运动进行介绍。

一、攀岩运动概述

（一）攀岩运动的起源与发展

攀岩运动最早兴起于 20 世纪中期的欧洲，20 世纪中叶，攀岩运动被列入世界比赛项目。20 世纪 80 年代以后，现代竞技攀岩比赛开始逐渐兴起，法国、意大利和美国先后举办了各种形式的攀岩比赛。

我国的攀岩运动始于20世纪80年代。1987年，中国登山协会派人到日本学习攀岩运动的相关攀爬技术与规则，并于当年10月在北京怀柔举办了我国第一届全国范围内的攀岩比赛，这标志着攀岩运动被正式引入我国。20世纪末，原国家体委（现为国家体育总局）将攀岩运动列为正式比赛项目，后来在长春举办了第一届全国攀岩锦标赛。在竞技攀岩水平快速提高的同时，我国的群众性攀岩运动也得到了蓬勃发展。许多高校相继成立了攀岩俱乐部或专门的攀岩队伍，越来越多的公园、商场、宾馆等建成了各种各样的人工攀岩壁或天然岩壁，攀岩运动在我国不仅成为正式的竞技体育比赛项目，还是一项时尚休闲运动。

（二）攀岩运动的特点

攀岩运动的特点主要表现为攀岩运动场地的特殊性、攀登的危险性、动作的创造性、人体的挑战性、安全的保护性等。

二、攀岩运动的场地与装备

（一）攀岩运动的场地

（1）自然场地。指在野外登山或攀岩的时候遇到的各种大岩壁、峭壁或大石头等。

（2）人工场地。人工场地一般都建在室内或运动场周围，通常是由钢筋混凝土材料或玻璃钢面构成。攀岩场地的高度一般不低于6米，有4～6条路线。

（二）攀岩运动的主要装备

（1）攀岩绳。攀岩绳是攀岩运动必不可少的一个设备，是攀爬者的生命绳，由高强度的尼龙按特殊的方法纺织而成。攀岩绳有较强的延展性，可以吸收脱落时产生的大部分冲击力，减小对攀爬者的伤害。攀岩绳可分为动力绳、静力绳两种，主要用途见表12-2。

表12-2 各种攀岩绳及其主要用途

直径/毫米	种类	主 要 用 途
8	静力绳	远征型攀登固定绳及人工攀登用吊拉绳
8	动力绳	攀岩或攀冰用的双绳系统的一部分
9	动力绳	攀岩或攀冰用的半绳系统的一部分；简单的冰河健行使用的轻量单绳
10	动力绳	攀岩、攀冰或冰河健行使用的轻级单绳
10.5	动力绳	攀岩、攀冰或冰河健行使用的中级单绳
11	动力绳	攀岩、攀冰或冰河健行使用的较耐久单绳
12	静力绳	洞穴探险或搜救绳（非攀登用）

（2）安全带。安全带也是攀爬运动中必不可少的工具，可为攀爬者和保护者提供一种舒适、安全的固定，可以把坠落的冲击力分散到腰和腿上。安全带通常包括腰带、腿环和前方的附加连接系统，如图12-2所示。根据用途的不同，可以将安全带分为可调式安全带（多用于登山、攀冰、攀岩场馆）和不可调式安全带（多用于个人攀岩）两种；而根据形状的不同，又可以把安全带分为坐式安全带、胸式安全带和全身式安全带三种。

图 12-2 安全带

(3) 扁带。又称为绳套或扁带套，是软性带状物，如图 12-3 所示。扁带通过机械缝合或手工打结成为一定长度的闭合圈，在保护系统中一般都用作软性连接。扁带一般分为两种：机缝式扁带和打结式扁带，扁带的长有 60 厘米、120 厘米等规格。

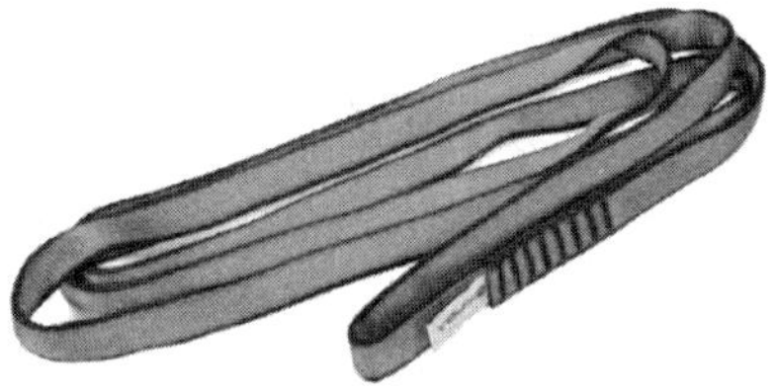

图 12-3 扁带

(4) 铁锁。又称为钩环或扣环，其用于连接绳子与保护点、安全带与保护器等，如图 12-4 所示。在保护系统中，铁锁用作刚性连接。铁锁的正确使用方法是保持锁门闭合且纵向受力。

(5) 快挂。如图 12-5 所示，在扁带的两端分别连接一个铁锁成为快挂。使用时将一端扣入保护点，另一端连接人体安全带或主绳。快挂能使攀登操作变得更加便利。

图 12-4 铁锁

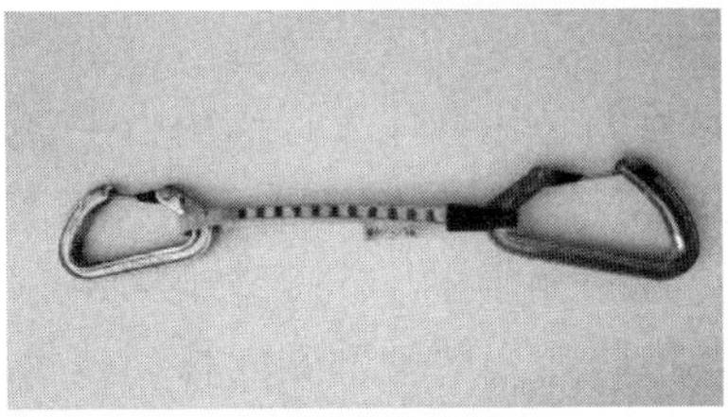

图 12-5 快挂

(6) “8”字环。如图 12-6 所示，“8”字环是攀岩中较为常用的保护设备和下降器，通过绳子与环产生的摩擦力保障攀爬者的安全。

(7) 上升器（攀升器）。上升器在攀岩过程中具有借力和保护的作用，主要解决采用单绳技术时向上运动的问题。上升器可以分为两种：左手式上升器和右手式上升器两种，如图 12-7 所示。

(8) 头盔。如图 12-8 所示，头盔是保护头部的非常重要的装备，既可以防止上方落石或攀爬者掉下时对头部造成伤害，又可以避免各种非安全脱落姿态或突然碰撞到坚硬岩面等情况下伤及头部。

图 12-6　“8”字环

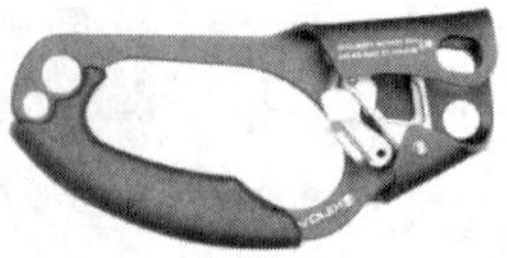

图 12-7　上升器

图 12-8　头盔

除了上述提到的装备之外，攀岩运动的常用装备还有攀岩鞋、镁粉、镁粉袋、岩点、攀石垫等。

三、攀岩运动的基本技术与训练

（一）攀岩运动的基本技术

攀岩运动是一项以力量为主的人体攀爬运动，其基本技术是由攀岩手法、攀岩脚法、身体技巧、技术动作、混合技术组成。

（1）攀岩手法。手是在攀登中抓住支点、维持身体平衡的关键部位，手臂力量的大小对攀登的质量和效果有着直接的影响。一名优秀的攀岩运动员必须拥有足够的指力、腕力和臂力，要能根据支点的不同分别运用握、抓、抠、压、捏、摁、撑、搂、戳、反提、搭等手法。

（2）攀岩脚法。脚是攀岩运动中支撑人体重量的主要受力部位。在攀岩过程中，合理、巧妙地用脚承受自身重量是衡量一名攀岩运动员水平高低的重要标准。攀岩运动员要能够根据岩点的不同特征，分别使用正蹬、脚尖外侧踩点、脚尖内侧踩点、踩摩擦点、脚尖勾点、脚跟挂点等脚部动作获得更好的攀登效果。

（3）身体技巧。攀岩运动中的身体技巧主要有转腰、推胯、转胯、压胯、挺胯、转脚、摆膝、折膝。

1）转腰。目的是让身体靠近作用力手，从而使攀岩更加省力。做转腰动作时，身体重心要在两脚中间平均分配，单手直臂抓点，双脚踩点。双肩微平，拧动作用力手的对侧腰到达极限，左右手轮换抓点进行转腰练习，如图 12-9 所示。

2）推胯。推胯是一项胯部侧向移动技术。预备式起，双手抓点，始终保持直臂，大腿和膝关节横向移动，去推动胯关节横向移动，以完成推胯动作，如图 12-10 所示。

图 12-9　转腰

图 12-10　推胯

3）转胯。预备式起，先推胯到达极限位置，然后旋转异侧腰胯。在转胯之前，先调整作用力手异侧脚的踩点部位，然后转胯，完成转胯动作。

4）压胯。压胯技术一般用于单脚大跨度踩点结束之后，是为了使身体上升而采取的动作，如图12-11所示。

5）挺胯。挺胯技术是攀岩运动中非常重要的发力技术之一，分为两种：正面挺胯和侧面挺胯，一般在推胯结束之后进行。正面挺胯技术的要点：双脚踩点，重心平均分配，正面抬胯，单手抓点，直臂，松肩，直腰，松胯，然后胯部前后摆动起势，使身体迅速靠近岩壁，抬胯，托腰，使重心上移，完成抬胯动作。作用力手顺势旋肩、屈臂，从而完成整个身体的移动动作，如图12-12所示。

图12-11　压胯

图12-12　挺胯

图12-13　转脚

6）转脚。攀登踩点的时候，脚尖在岩点上左右旋转的动作被称为转脚。转脚经常和转胯、折膝技术一起使用。通常在转脚前，先移动重心至另一脚，然后转动脚尖，转脚时脚不需要离开岩点，如图12-13所示。

7）摆膝。摆膝是攀岩运动技术中一项最简单实用的动作，是推胯的前奏。在发力抓点之前，先来回摆动膝盖，带动身体，然后抓点。

8）折膝。在攀爬过程中，推胯的目的是让膝盖横向移动，但有时膝关节反方向旋转移动可能平衡效果会更好，这就是“折膝”技术。折膝之前，双脚踩点，先把重心移到一脚，然后向内旋转另一膝关节，至其反方向，这一动作称为常规折膝。进行常规折膝的时候，当膝关节旋转至关节朝下时，体身重心平均被分配到两脚之间，这就是深度折膝，也称落膝，这一技术多用于屋檐、双脚大跨度和大斜壁攀登时。

（4）技术动作。攀岩运动中的技术动作有直臂钩挂、单臂锁定、对角线运动、侧身技术、交叉手、交叉脚、换手、换脚、换脚上高点、脚上手点。

1）直臂钩挂。预备式起，直臂状态抓点，通过旋转作用力于肩关节完成重心移动，如图12-14所示。

2）单臂锁定。屈臂抓点，通过单臂锁定，完成身体重心的移动。另外，单臂锁定技术经常在直臂钩挂旋肩结束后使用，使身体重心继续移动，如图 12-15 所示。

3）对角线运动。在攀登过程中，身体异侧手脚相互配合使用，即左手抓点和右脚踩点配合，形成身体对角线运动的方式，称为对角线运动，这一运动也被称为对角线技术，如图 12-16 所示。对角线运动经常和内侧踩点及单臂锁定技术一起使用。

图 12-14　直臂钩挂

图 12-15　单臂锁定

图 12-16　对角线运动

4）侧身技术。身体侧向岩壁，以身体对侧手脚接触岩点，另一只腿伸直来调节身体平衡，单腿是主要依靠部位，配合同侧腰胯把身体顶起，从而抓握上方支点，如图 12-17 所示。

5）交叉手。在攀爬过程中，当下一手点在作用力手外侧方向且距离适中时，可考虑使用交叉手动作。抓点时，手臂从作用力手上方通过形成的交叉，叫作上交叉；手臂从作用力手下方通过形成的交叉，叫作下交叉。交叉手动作属于身体重心横向移动技术，肩关节的柔软度很重要。交叉手是攀岩中较难的动作，当脚点较小时，通过摆膝、膝盖横向移动来完成交叉动作，如图 12-18 所示。

图 12-17　侧身技术

图 12-18　交叉手

6）交叉脚。攀爬过程中，当下一脚点在作用力脚点外侧且距离适中时，可使用交叉脚技术。在交叉脚前，手臂伸直，膝盖旋转作用力脚，使异侧脚从作用力脚横向交叉通过。交叉脚可分为两种：内交叉脚和外交叉脚，如图 12-19 所示。

7）换手。在作用力手点完成换手动作，叫作换手，如图 12-20 所示。换手可分为两种：常规换手和空中换手。常规换手常用于中、小号手点换手。当手点较大且动作较平衡时，可考虑空中换手。

8）换脚。当岩壁上支点数目较少时，可能会经常用到换脚技术。以右脚踩支点换左

内交叉脚　　外交叉脚

图 12-19　交叉脚

脚为例，首先，右脚应逆时针旋转，将支点靠近左侧的部分空出来留给左脚，然后左脚趁势踩住右脚旋转时空出的部位，这时左脚已经可以承受一部分身体的重量，最后右脚慢慢向下滑出，左脚则逐渐踩住整个支点，取代右脚的位置，完成整个换脚动作，如图 12-21 所示。

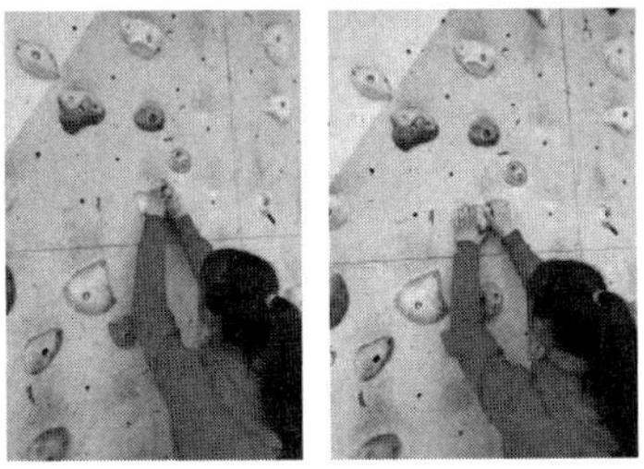

图 12-20　换手

图 12-21　换脚

9）换脚上高点。当脚点位置较高且较远时，需要抬脚踩点或需要跳跃才能踩到，然后将重心迅速移至该脚点，这种技术叫做换脚上高点，如图 12-22 所示。

10）脚上手点。脚上手点是当一些手点在腰间位置时，把同侧脚踩到此点，身体向上、向前压，把重心移到脚上，发力蹬起，伸手抓住下一个支点，另一只手用来保持平衡的一种技术动作。

图 12-22　换脚上高点

（5）混合技术。混合技术是攀岩运动中较为简单的身体整体协调配合技术，主要包括手侧拉、混合侧拉、躯干支撑法、侧身法等。

（二）攀岩运动训练

攀岩运动训练是培养运动员具有良好的思想道德和意志品质、全面发展运动员的身体机能和专项素质、提高运动员攀岩运动技术与能力的专门教育过程。

1. 攀岩运动技术训练

攀岩运动技术指的就是攀爬者合理地运用自己的运动能力，从而完成各种攀登动作的有效方法。攀岩运动技术训练的主要内容包括攀岩手法训练、攀岩脚法训练、综合技术训练。

（1）攀岩手法训练。手在抓握支点的时候，根据手指弯曲的角度可以将其划分为三种抓法：抠、勾、搭。“抠”是通过手指指尖及各指关节弯曲抠入支点用力，适用于支点较小但有小凹槽的情况。“勾”是把手指弯曲成钩形来勾住支点。当支点较小的时候，用力点在中指尖；当支点较大时，用力点则落在第二指节，第二指节张开的角度越大，所需的力量就越大。“搭”是把手指稍微弯曲，搭在支点上发力。当两手抓同一支点时，前手可以先放弃最好的抓握处，让给后手，以免换手麻烦；抓握支点水平用力时，受力臂的位置要低，靠向下的拉力加大水平摩擦力以保持身体的稳定。

（2）攀岩脚法训练。把脚放在脚点的最佳位置，然后集中注意力观察下一个脚点，然后平稳流畅地将身体重心转移到另一只脚上；不管是站在支点上还是在支点上攀爬，都要保持脚的稳定，同时体会把上体的动作与脚的动作分开。在转移身体重心及攀爬的时候一定要保持动作的流畅。

（3）综合技术训练。训练综合技术时，首先要做好手脚的配合工作。初学者或技术不熟练的运动员，如果上肢力量差，攀登时就容易疲劳，甚至逐渐失去抓握能力而脱攀，所以学习攀岩首先要练习增强上肢的力量。综合技术训练的口诀就是：侧爬易，正爬难；侧身贴墙跨度大；上点下点要贴岩，“人”字点往外拉；先移重心再抓点，重心带体抓点易；脚踩点，掌前掌内或外侧腿成120°为最佳，最好多做反向拉。

2. 攀岩体能训练

体能指攀岩运动员机体的基本运动能力，是攀岩竞技能力的重要组成部分。攀岩体能训练主要包括力量训练、耐力训练、速度训练三种。

（1）力量训练。可用徒手、负重、变小支点等方法进行力量练习，主要训练手指手腕力量、手臂力量、大腿力量、小腿力量、脚踝脚趾力量、躯干力量。

力量训练的要求：第一，注意处理好身体各部位力量发展与全面发展的关系；第二，注意把握好关键力量和薄弱力量的训练；第三，注意力量训练方法的多样性与有效性的紧密结合；第四，注意力量训练负荷的合理安排；第五，注意力量训练后的放松与恢复等。

（2）耐力训练。耐力的训练方式有大屋檐爬、线路训练、12 分钟跑、5000 米跑、10000 米跑、持续跑、越野跑、6 ~ 8 分钟爬墙练习、跳绳练习等。

耐力训练的要求：第一，每周可以安排一次耐力训练，并贯彻于全年训练中；第二，在耐力训练中，要注重培养吃苦耐劳的精神和坚持不懈的品质；第三，要重视心肺功能的增强；第四，要进行科学合理的设计，把多样性、有效性、趣味性等有机结合起来。

（3）速度训练。速度的训练方式有 30 米加速跑、30 米加速踩点跑、跑楼梯、跑格子、减负速度爬、速度爬肋木、速度跑上下坡等。

速度训练的要求：第一，在速度训练中，应注意一般速度素质训练与专项速度素质训练相结合；第二，注意以发展力量和柔韧性等来促进速度素质的发展；第三，发展速度素质应重视肌肉放松；第四，要抓住速度敏感期发展速度素质。

3. 攀岩战术训练

攀岩战术指在攀岩比赛中，根据对方和外部条件，充分发挥自身特长，争取获得最佳比赛成绩的方法。攀岩战术训练指培养攀岩运动员合理地运用攀岩战术原则和战术方法的训练。常用的攀岩战术训练方法有减难与加难训练法、模拟实战训练法、想象训练法、程序训练法、实战法等。

4. 攀岩心智能力训练

心智能力指攀岩运动员观察问题、分析问题、解决问题的能力以及良好的意志品质等，是运动员在攀岩过程中以心理和智能为基础，运用多种专业知识指导攀岩运动训练和比赛，提高攀岩竞技水平的能力。攀岩心智能力训练主要包括两个方面：心理训练和智能训练。心理训练应该贯穿于日常训练的始终，常用的训练方法有意念训练、诱导训练、模拟训练等。智能训练一般安排在运动员拥有一定技术战术基础之后进行，常用的训练方法有观察力训练、记忆力训练、思维与想象力训练、观点模仿练习、2 分钟观点镜面练习、观点盲爬、省点集体爬等。

第三节 拓展训练

本节对拓展训练的起源、学校拓展训练的特点以及拓展训练的流程进行详细介绍。针对大学生协作能力、沟通能力、创新能力的培养，本节选取有代表性的拓展训练项目进行详细讲解。

一、拓展训练概述

首先是拓展训练的起源。库尔特·哈恩是户外拓展训练的奠基人，他创办了“阿伯德威海上学校”，旨在培养年轻海员在海上的生存能力和触礁后的生存技巧以及人们的团队精神。20 世纪 50 年代后，拓展训练的独特创意和训练方式逐渐被教育学家、心理学家、社会学家、管理学家推崇，培训对象由海员扩大到学生、工商界人士等群体，训练目标也由单纯的体能训练、生存训练扩展到心理训练、人格训练和管理训练等。

其次是拓展训练的特点。从本质上来说，拓展训练有六个方面的显著特点：亲身体验性、综合活动性、挑战极限性、集体协作性、高峰成就性、自我发展性。

二、拓展训练的流程

拓展训练的流程主要包含亲历、感受、分享、总结、应用五个步骤。

（1）亲历。亲历就是亲身体验的意思。任何一个训练项目的开始都是学生在教师的指引下去经历一种模拟场景，去完成一项任务。

（2）感受。通过置身其中，才能得到最真切的、全方位的、印象深刻的感受。学生通过经历，就会产生一些想法、观点，意识到自己的“症结”所在。

（3）分享。“三人行必有我师”，完成任务的过程同样也是一个磨合切磋、交流共进的过程。分享感受、畅所欲言的同时，每个人都会获得更多的经验，这也正是拓展训练的魅力所在。

（4）总结。通过实践、观察、交流和讨论，每个人都有所体会，人们的认识开始逐渐由感性上升到理性。

（5）应用。这个过程是训练之后的个人收获。认识从实践中获得，之后再用来指导实践，这也是拓展训练的终极意义所在。

三、常见的拓展训练项目

常见的拓展训练项目及其分类、简介见表12-3。

表12-3 常见的拓展训练项目

分类	项目	目 标	人数与时间	场地与器材
破冰、沟通类	进化论	加强交流、活跃气氛、增添趣味性	人数不限；20分钟左右	宽阔平整的室外场地；粉笔（或白粉笔）
	超音速	培养沟通能力、协作能力、科学思维方式、制定战略计划能力、发展奔跑能力	10～15人；20分钟左右	平整开阔的土地；扑克牌
个人挑战与领导力量	信任背摔	培养挑战自我的信心与勇气；增强责任感和信任感；提高团队凝聚力	不少于11人，其中男性不少于5人；90分钟左右	宽阔平整、地面无尖利石头的场地；1.5米背摔架、背摔绳
	盲人方阵	理解领导力在团队中的影响与作用；体会决策时个人的心理变化；理解团队活动中的角色认定与完成本职工作的重要性	14人左右；70分钟左右	相对平坦空旷的场地；宽1～1.5厘米、长25米左右的长绳、眼罩、整理箱
团队合作类	蛟龙出海	培养竞争意识、勇往直前的精神和百折不挠、精益求精的意志品质；了解个人与团队节奏一致的重要性	15人左右；30分钟左右	宽阔平整、地面无尖利石头的场地；捆脚带、秒表
	不倒森林	培养团体协作、互相补位的意识和积极心态；提高执行力	10人左右；20分钟左右	宽阔平整的场地；秒表；长杆

下面详细介绍上述提到的六种拓展项目。

（一）进化论

项目操作：第一，教师将所有学生集合起来，告诉大家比赛的规则和活动的范围，用粉笔画出四个直径为5～10米的圆圈作为进化圈，分别代表鸡蛋、小鸡、公鸡、凤凰；第二，比赛开始，所有学生蹲下假装是鸡蛋，学生两两之间进行猜拳，猜对了就进化一个等级，猜错了就退化一个等级；第三，最终进化为凤凰后的学生可以走出圈子；第四，比赛最终以剩余三名未成功进化的学生结束，给予他们一定的“惩罚”。

项目规则：第一，两人猜拳一局定胜负；第二，胜者可以进化，即跑到相应进化角色的圆圈内，负者退化为前一个等级，由于鸡蛋为最低级，所以此等级的负者还是鸡蛋，无须退化；第三，在猜拳或进化后，每个学生必须做出与对应角色相应的动作。

注意事项：需要注意的是，学生在跑动的过程中需要注意安全，防止发生碰撞。

回顾分享：第一，主动和陌生人相互沟通有什么样的障碍？如果已经有了沟通的方式，会不会变得较为容易？第二，在有些激烈及混乱的环境中，你记住了几个新面孔？

（二）超音速

项目操作：第一，所有参赛的学生应按照规则要求，在限定的时间内完成比赛；第二，教师可根据学生的身体素质情况设定跑进的距离；第三，教师对比赛过程要进行严格监控，对出现的违规现象即刻说明。

项目规则：第一，每队成员排成一列纵队，前方远处地面放置若干张扑克牌，要求队员按照数字从小到大依次翻开扑克牌；第二，比赛开始后所有队员要严格按照站好的顺序依次进行，不得打乱顺序；第三，听到开始口令后，每个队每次只能允许一名队员去翻开扑克牌，每名队员每次只能翻一张扑克牌，不管正确与否，都应返回换下一名队员；第四，当队员翻开的扑克牌正确时应将扑克牌正面朝上，反之则将扑克牌扣上。

注意事项：第一，每次跑进的前一名同学回来与下一名同学击掌之后，下一名同学才可以继续；第二，教师应该对比赛过程进行严格监控，出现违例情况立即说明；第三，教师应根据学生身体情况合理安排比赛人员，安全第一。

回顾分享：第一，做事情要学会找科学的方法；第二，团队高效工作需要每一个人配合；第三，要敢于发现问题并且及时解决问题；第四，学会承担义务的同时发挥个人敢于担当的意识，培养自我领导力。

（三）信任背摔

项目操作：第一，全体参与者在台下对捆手方法进行练习，两遍即可（双手体前交叉，掌心相对，十指交握，由内向上反翻至胸前，双手向内收紧，拳头抵住下颌，用绳子在手腕处捆扎）；第二，背摔者上台后，教师要先把其双手捆住；第三，背摔者背向台站立；第四，教师面向背摔者弓步站立，双手扶住背摔者的髋部，帮助其固定身体；第五，背摔者需要大声喊出："准备好了没有?"下面的保护者要及时且齐声地回答："准备好了。"第六，背摔者正直后倒，保护者接住背摔者；第七，保护者将背摔者的脚放下，让其站稳，然后将捆手的绳子解开。

项目规则：第一，保护者面对面成两队弓步站立，两队队员的左膝内侧相互紧贴，手心向上，五指并拢，放在对面同伴同一侧的肩膀上，胸部和两肩用力，双臂保持小幅度弯曲，同一列的保护者之间肩与肩要保持紧靠；第二，保护者始终仰头注视背摔者的背部，时刻准备着拉住背摔者；第三，在背摔者没有安全站稳前，保护者不能离岗、放松。

注意事项：第一，注意背摔者是否紧张，并根据情况与背摔者交流；第二，观察背摔者倒下时的身体状态；第三，对于表现好的参与者及时给予肯定；第四，患有腰部疾病、颈椎和脊柱疾病、严重心脏病、脑血管疾病、高血压的人，不宜参加信任背摔活动。

回顾分享：第一，什么是信任?（应是信任整个系统）第二，责任即意味着付出；第三，个人的挑战，包括对心理素质的挑战以及自然人向工作人的转变；第四，要学会换位思考；第五，如何能保持身体笔直倒下（要克制自己的生理本能，遵循规范操作．减轻其他队员的负担）；第六，做一件事的表现与能力有直接关系，个人能力可以通过后天的学习获得，心理能力的好坏常常决定了成功与否。

（四）盲人方阵

项目操作：第一，将学生带到指定的区域进行，学生成半圆形站立以便听清楚游戏规则；第二，游戏进行过程中，教师要实时观察记录。

项目规则：第一，在整个活动过程中，任何人不得摘掉眼罩；第二，戴上眼罩后，将双手置于身前，不得背手，严禁蹲坐在地上；第三，学生确定提前完成任务后，就将绳踩在脚下，并通知教师，教师确认后，学生方可按照教师的要求摘下眼罩。

注意事项：第一，活动场地应该平坦宽阔；第二，戴上眼罩后，将双手置于体前，不得背手而走，严禁蹲坐在地面上；第三，注意安全；第四，摘下眼罩时，应背对阳光，闭眼一会再睁开。

回顾分享：第一，活动过程中，你收获了什么；第二，在特殊情境下，团队是怎么沟通的；第三，团队在协作的过程中需要团队成员合理有效地沟通、计划、分工与合作；第四，要做好自己的本职工作，认清自己的角色。

（五）蛟龙出海

项目操作：第一，设定比赛距离，提出比赛要求与规则；第二，教师实时控制比赛，记录现场学生的表现。

项目规则：第一，比赛距离为20米，所有队员站立在起点之后，以每队第一个队员的脚触到终点线为准；第二，每队所有人胳膊挽在一起；第三，如果中间有人捆脚带松开或有人摔倒，要立即停止，整理好再重新出发；第四，不能以跳动或挪动的方式前进。

注意事项：第一，活动开始前应做好热身运动；第二，捆脚带要松紧适度；第三，如果失去控制，尽量往前倒；第四，身体不适的学生，不强求参与，做些力所能及的事情即可。

回顾分享：第一，活动中遇到哪些困难，是如何解决的；第二，节奏不一致寸步难行，理解个人与团队保持一致的重要性；第三，为什么方法都一样，却得到了不一样的结果（执行力是团队成功的关键）。

（六）不倒森林

项目操作：第一，设定两人前后间隔距离，提出比赛要求与规则；第二，教师实时控制比赛，记录现场学生的表现。

项目规则：第一，以长杆的长度为半径，每队队员手扶长杆，站成一个圆圈；第二，所有队员将左手背后，右手手掌平放于长杆上，不能握杆；第三，每队队员同时移动位置，同时手掌平放在前面队员的杆上；第四，连续不间断完成十次才为成功，如果中间长杆倒地，则需重新开始。

注意事项：教师注意强调学生不能拿长杆打闹，也不得将长杆插在地上。

回顾分享：第一，每个人都把自身简单的事情做好就是给团队最大的支持；第二，所谓执行力就是把自己的事情保质保量完成好，并做好工作的衔接；第三，互相包容、鼓励有利于团队的发展。

第四节 定 向 运 动

定向运动是一项集智慧与体能，融自然、挑战于一体的运动项目。本节对定向运动的起源与发展、定义与分类及定向运动工具、定向运动的基本技术与训练做详细讲解，除此之外还对定向运动的比赛器材与个人装备进行简要的介绍。

一、定向运动的概述

（一）定向运动的起源与发展

定向运动最早起源于瑞典。最初的定向运动是作为一项军事活动存在的，定向运动从军营走向社会始于20世纪初。20世纪初，曾经在斯德哥尔摩南部纳卡举行了定向运动比赛，参赛人数达到217人，这标志着定向运动作为一项独立的体育项目诞生了。

我国于20世纪末才按照国际标准正式将定向运动作为一项体育活动和比赛项目开展。定向运动发展到目前为止，其不仅是我国的一项正式体育比赛项目，而且也已经成为大学、中学、小学体育课堂的重要组成部分，并在人才培养中发挥着积极的作用。

（二）定向运动的定义与分类

1. 定向运动的定义

国际定向运动联合会将定向运动定义为一项参赛者借助地图和指北针，在尽可能短的时间内到达若干个被分别标记在地图上和实地中检查点的运动。

2. 定向运动的分类

定向运动的形式丰富多样，按照运动形式，国际定向运动联合会将定向运动划分为山地车定向、轮椅定向、滑雪定向和徒步定向。其中，徒步定向运动的形式与比赛方式多种多样，按场地的不同，可以分为野外定向、公园定向、校园定向等；按活动时间的不同，又可以划分为白天定向、夜间定向、多日定向等；而按照比赛距离的不同，还可以分为短距离赛、标准距离赛、长距离赛等。

3. 定向运动的特征

定向运动的特征可以从两个方面来说，分别是自然性特征和社会性特征。定向运动的自然性特征主要表现为运动性、智能性、环境性、情趣性；定向运动的社会性特征主要表现为游戏性、竞技性、群众性、实用性。

二、定向运动的工具

定向地图和指北针是定向运动中使用较为频繁，也是最为主要的工具，了解和熟练掌握这两种工具非常必要。

（1）定向地图。定向地图是定向运动中使用的地图，是地形图的一种，其为定向运动提供了极为详尽的地表信息，可作为定向运动员在比赛过程中定位与导航的依据。定向地图比传统地形图包含的信息要丰富一些，其是使用一套标准符号绘制的。由于定向运动的分类不同，定向地图也有很多种类。

（2）指北针。指北针是定向运动中运动员可以使用的合法的工具，也是运动员在定向运动中一个必不可少的工具，其主要作用是辨别方向、标定地图、确定站立点与目标点的方向等。使用指北针的时候需要注意：第一，尽量使指北针水平放置；第二，指北针不要离铁质、磁性物质太近；第三，不要将磁针的S端与N端混淆，以免造成误判；第四，使用前要检查磁针是否灵敏；第五，要注意指北针的保存和存放位置，切不可将指北针放在充满电磁场的地方。

三、定向运动的基本技术与训练

（一）定向运动的基本技术

1. 正确定向快速行进

（1）确定行进方向。将指北针直尺边与目标方向线相切，指北针上箭头指向的方向就是所要到达的位置；把指北针和地图作为一个整体，水平放在地面上，使指北针上的红色指针的指向与地图所示的磁北线方向一致；这种情况下，指北针上方箭头所指的方向即为前进方向。

（2）估算距离。估算距离的方法主要有三种：一是利用比例尺换算图上距离和实际距离；二是用步测法估算距离；三是用目估法测算距离。

（3）按地图行进。按地图行进的方法通常有两种：一是用拇指辅行法；二是沿地形地貌行进。

（4）选择行进路线。选择路线的标准是省体力、省时间、最稳妥、最能发挥自己的特长、尽量不失误或减少重大失误、顺利完成赛程并最终夺取胜利；选择路线的原则是“有路不越野”“选近不选远”“统观全局，提前绕行”“依线又依点”。

2. 捕捉检查点

捕捉检查点的方法一共有四种：定点攻击法、提前偏差法、距离定点法、地貌分析法。

3. 越野跑技术

（1）沿道路跑进时，可以采用与中、长距离跑基本相同的技术；如果选择的路面较为平坦，就可以进行加速奔跑。

（2）过草地时，注意使用全脚掌着地，同时注意看清下方的地面，防止陷入坑洼或碰到石头上等。

（3）上坡时，上体应该稍微前倾，大腿稍高抬，并用前脚掌着地，小步跑上去；如果遇到了较陡的斜坡，可以改用走步或用“之”字形跑（走）法；必要时，可使用单手或双手辅助攀登。

（4）下坡时，上体应稍微后倾，并以全脚掌或脚跟着地的方法行进；必要时，可以采用下蹲伏，并用手在体（侧）后牵拉草、树或撑地等方式行进；快到坡下时，可顺坡势跑至平地，注意不要跑得太猛，以防摔倒。

（5）从稍高的地方（低于 1.50 米）往下跳时，可采用跨步跳的方式。需要注意的是，跳下落地时，双脚着地、屈膝缓冲。

（6）穿越树林奔跑时，要特别注意防止被树枝、树叶、藤蔓等刮伤，可以用一手或双手随时护住脸部，注意防止伤及眼睛。

（7）过障碍物遇到小的沟渠、土坑、矮的灌木丛或倒伏树木时，可以采用大步跨跳而过；在通过较宽（2.5 米左右）的沟渠时，可以在加速跑的基础上，采用大跨步跳和跳远的方法越过。如果遇到粗壮倒伏的树木、低矮障碍物，可以踏过去；如果遇到较高（低于 2 米）的障碍物，如矮围栏、土墙等，可用正面助跑蹲跳和一手或双手支撑的方法翻越过去。

（8）通过独木桥等狭窄悬空的障碍物时，如果距离较短，可以采用“八”字脚跑过去；如果距离较长，则应平稳地走过。

（二）定向运动训练

1. 训练计划的制定

定向训练计划的种类有很多，训练者可以根据不同的训练目的、不同的训练阶段、不同职业和年龄等实际情况，制定出不同的训练计划。通常情况下，在制定定向训练计划时，计划内容应该包括情况分析、训练目标、训练内容、注意事项等方面。

2. 技能训练

（1）识图训练。识图训练主要包含三个方面的训练内容：第一，对定向地图地物地貌识别能力的训练；第二，对检查点说明符号的识别训练；第三，利用堆积简易沙盘进行地图立体形象训练。

（2）用图训练。用图训练是定向运动的一种基本技能训练，根据内容可分为运动中的方向训练、运动中的站立点和目标点确定训练以及图地对照训练等。

（3）模拟比赛训练。模拟定向比赛训练是定向运动赛前训练的主要方法之一，它既是综合性的定向技能训练，又是对运动员定向水平的测试。

3. 心理训练

定向运动中的心理训练主要包含三个方面的内容：第一，培养运动员良好的个性特征；第二，培养运动员良好的参赛动机；第三，锤炼运动员顽强的意志品质。

（三）装备

（1）衣裤。可以选择稍微紧身的衣裤，但是注意不要影响到呼吸与运动。

（2）鞋。轻便、柔软而且结实。

（3）护腿。护腿可以有效保护运动者的安全，其可以防止在定向运动比赛奔跑过程中小腿被树枝等擦伤或被蛇虫咬伤。

（4）号码布。号码布面积一般不超过24厘米×20厘米，号码数字字迹要清晰，字体要端正。

（5）指北针。仔细阅读前文对指北针的介绍。

（6）哨子。是参赛者必备的用具，在遇到危急事件需要救助的时候可以使用。

（7）手表。如果是参加夺分式定向赛，那么就需要戴上手表。

第十三章　大学生体质健康

体质反映人体健康情况，它是人体在遗传性和获得性基础上表现出来的人体形态结构、生理功能和心理因素的综合的、相对稳定的特征。体质包含身体形态、身体机能、身体素质、心理素质、适应能力五大方面，其中，身体形态、身体机能和身体素质是当前体质数据采集的三大指标群。本章从体质的五大方面详细介绍体质健康评价指标的结构构成、相关内涵及评价。

第一节　《国家学生体质健康标准》及其解读

一、《国家学生体质健康标准》概要

（一）说明

（1）《国家学生体质健康标准》(以下简称《标准》) 是国家学校教育工作的基础性指导文件和教育质量基本标准，是评价学生综合素质、评估学校工作和衡量各地教育发展的重要依据，是《国家体育锻炼标准》在学校的具体实施，适用于全日制普通小学、初中、普通高中、中等职业学校、普通高等学校的学生。

（2）该标准的修订坚持健康第一，落实《国家中长期教育改革和发展规划纲要(2010—2020 年)》《国务院办公厅转发教育部等部门关于进一步加强学校体育工作若干意见的通知》(国办发〔2012〕53 号) 和《教育部关于印发〈学生体质健康监测评价办法〉等三个文件的通知》(教体艺〔2014〕3 号) 有关要求，着重提高《标准》应用的信度、效度和区分度，着重强化其教育激励、反馈调整和引导锻炼的功能，着重提高其教育监测和绩效评价的支撑能力。

（3）该标准从身体形态、身体机能和身体素质等方面综合评定学生的体质健康水平，是促进学生体质健康发展、激励学生积极进行身体锻炼的教育手段，是国家学生发展核心素养体系和学业质量标准的重要组成部分，是学生体质健康的个体评价标准。

（4）该标准将适用对象划分为以下组别：小学、初中、高中按每个年级为一组，其中小学为 6 组、初中为 3 组、高中为 3 组。大学一、二年级为一组，三、四年级为一组。

（5）小学、初中、高中、大学各组别的测试指标均为必测指标。其中，身体形态类中的身高、体重，身体机能类中的肺活量，以及身体素质类中的 50 米跑、坐位体前屈为各年级学生的共性指标。

（6）该标准的学年总分由标准分与附加分之和构成，满分为 120 分。标准分由各单项指标得分与权重乘积之和组成，满分为 100 分。附加分根据实测成绩确定，即对成绩超过 100 分的加分指标进行加分，满分为 20 分；小学的加分指标为 1 分钟跳绳，加分幅度为 20 分；初中、高中和大学的加分指标为男生引体向上和 1000 米跑，女生 1 分钟仰卧起

坐和800米跑，各指标加分幅度均为10分。

（7）根据学生学年总分评定等级。90.0分及以上为优秀，80.0~89.9分为良好，60.0~79.9分为及格，59.9分及以下为不及格。

（8）每个学生每学年评定一次，记入《〈国家学生体质健康标准〉登记卡》。特殊学制的学校，在填写登记卡时可以按规定和需求相应地增减栏目。学生毕业时的成绩和等级，按毕业当年学年总分的50%与其他学年总分平均得分的50%之和进行评定。

（9）学生测试成绩评定达到良好及以上者，方可参加评优与评奖；成绩达到优秀者，方可获体育奖学分。测试成绩评定不及格者，在本学年度准予补测一次，若补测仍不及格，则学年成绩评定为不及格。普通高中、中等职业学校和普通高等学校学生毕业时，《标准》测试的成绩达不到50分者按结业或肄业处理。

（10）学生因病或残疾可向学校提交暂缓或免予执行《标准》的申请，经医疗单位证明、体育教学部门核准，可暂缓或免予执行《标准》，并填写《免予执行〈国家学生体质健康标准〉申请表》，存入学生档案。确实丧失运动能力、被免予执行《标准》的残疾学生，仍可参加评优与评奖，毕业时《标准》成绩需注明免测。

（11）各学校每学年开展覆盖本校各年级学生的《标准》测试工作，《标准》测试数据经当地教育行政部门按要求审核后，通过“中国学生体质健康网”上传至“国家学生体质健康标准数据管理系统”。测试和数据上传时间由教育行政部门确定。

（12）本标准由教育部负责解释。

（二）单项指标与权重（大学）

各单项指标与权重见表13-1。

表13-1 各单项指标与权重

测试对象	单项指标	权重/%
大学各年级学生	体重指数	15
	肺活量	15
	50米跑	20
	坐位体前屈	10
	立定跳远	10
	引体向上（男）/1分钟仰卧起坐（女）	10
	1000米跑（男）/800米跑（女）	20

（三）评分表（大学）

体重指数评分标准见表13-2，其他各项指标评分标准见表13-3，加分指标评分标准见表13-4。

表13-2 体重指数评分表 （千克/平方米）

等级	单项得分/分	大学男生	大学女生
正常	100	16.9~23.9	16.2~23.9
低体重	80	≤16.8	≤16.1
超重		24.0~27.9	24.0~27.9
肥胖	60	≥28.0	≥28.0

表 13-3　大学各年级评分表

等级	项目	男生肺活量/毫升		男生肺活量/毫升		男生 50 米跑/秒		女生 50 米跑/秒	
	单项得分/分	大一、大二	大三、大四	大一、大二	大三、大四	大一、大二	大三、大四	大一、大二	大三、大四
优秀	100	5040	5140	3400	3450	6.7	6.6	7.5	7.4
	95	4920	5020	3350	3400	6.8	6.7	7.6	7.5
	90	4800	4900	3300	3350	6.9	6.8	7.7	7.6
良好	85	4500	4650	3150	3200	7.0	6.9	8.0	7.9
	80	4300	4400	3000	3050	7.1	7.0	8.3	8.2
及格	78	4180	4280	2900	2950	7.3	7.2	8.5	8.4
	76	4. 60	4160	2800	2850	7.5	7.4	8.7	8.6
	74	3940	4040	2700	2750	7.7	7.6	8.9	8.8
	72	3820	3920	2600	2650	7.9	7.8	9.1	9.0
	70	3700	3800	2500	2550	8.1	8.0	9.3	9.2
	68	3580	3680	2400	2450	8.3	8.2	9.5	9.4
	66	3460	3560	2300	2350	8.5	8.4	9.7	9.6
	64	3340	3440	2200	2250	8.7	8.6	9.9	9.8
	62	3220	3320	2100	2150	8.9	8.8	10.1	10.0
	60	3100	3200	2000	2050	9.1	9.0	10.3	10.2
不及格	50	2940	3030	1960	2010	9.3	9.2	10.5	10.4
	40	2780	2860	1920	1970	9.5	9.4	10.7	10.6
	30	2620	2690	1880	1930	9.7	9.6	10.9	10.8
	20	2460	2520	1840	1890	9.9	9.8	11.1	11.0
	10	2300	2350	1800	1850	10.1	10.0	11.3	11.2

等级	项目	男生坐位体前屈/厘米		女生坐位体前屈/厘米		男生立定跳远/厘米		女生立定跳远/厘米	
	单项得分/分	大一、大二	大三、大四	大一、大二	大三、大四	大一、大二	大三、大四	大一、大二	大三、大四
优秀	100	24.9	25.1	25.8	26.3	273	275	207	208
	95	23.1	23.3	24	26.3	268	270	201	202
	90	21.3	21.5	22.2	22.4	263	265	195	196
良好	85	19.5	19.9	20.6	21	256	258	188	189
	80	17.7	18.2	19	19.5	248	250	181	182
及格	78	16.3	16.8	17.7	18.2	244	246	178	179
	76	14.9	15.4	16.4	16.9	240	242	175	176
	74	13.5	14	15.1	15.6	236	238	172	173
	72	12.1	12.6	13.8	14.3	232	234	169	170
	70	10.7	11.2	12.5	13	228	230	166	167

续表 13-3

等级	项目	男生坐位体前屈/厘米		女生坐位体前屈/厘米		男生立定跳远/厘米		女生立定跳远/厘米	
	单项得分/分	大一、大二	大三、大四	大一、大二	大三、大四	大一、大二	大三、大四	大一、大二	大三、大四
及格	68	9.3	9.8	11.2	11.7	224	226	163	164
	66	7.9	8.4	9.9	10.4	220	222	160	161
	64	6.5	7	8.6	9.1	216	218	157	158
	62	5.1	5.6	7.3	7.8	212	214	154	155
	60	3.7	4.2	6	6.5	208	210	151	152
不及格	50	2.7	3.2	5.2	5.7	203	205	146	147
	40	1.7	2.2	4.4	4.9	198	200	141	142
	30	0.7	1.2	3.6	4.1	193	195	136	137
	20	-0.3	0.2	2.8	3.3	188	190	131	132
	10	-1.3	-0.8	2	2.5	183	185	126	127

等级	项目	男生引体向上/个		女生1分钟仰卧起坐/个		男生1000米跑		女生800米跑	
	单项得分/分	大一、大二	大三、大四	大一、大二	大三、大四	大一、大二	大三、大四	大一、大二	大三、大四
优秀	100	19	20	56	57	3′17″	3′15″	3′18″	3′16″
	95	18	19	54	55	3′22″	3′20″	3′24″	3′22″
	90	17	18	52	53	3′27″	3′25″	3′30″	3′28″
良好	85	16	17	49	50	3′34″	3′32″	3′37″	3′35″
	80	15	16	46	47	3′42″	3′40″	3′44″	3′42″
及格	78			44	45	3′47″	3′45″	3′49″	3′47″
	76	14	15	42	43	3′52″	3′50″	3′54″	3′52″
	74			40	41	3′57″	3′55″	3′59″	3′57″
	72	13	14	38	39	4′02″	4′00″	4′04″	4′02″
	70			36	37	4′07″	4′05″	4′09″	4′07″
	68	12	13	34	35	4′12″	4′10″	4′14″	4′12″
	66			32	33	4′17″	4′15″	4′19″	4′17″
	64	11	12	30	31	4′22″	4′20″	4′24″	4′22″
	62			28	29	4′27″	4′25″	4′29″	4′27″
	60	10	11	26	27	4′32″	4′30″	4′34″	4′32″
不及格	50	9	10	24	25	4′52″	4′50″	4′44″	4′42″
	40	8	9	22	23	5′12″	5′10″	4′54″	4′52″
	30	7	8	20	21	5′32″	5′30″	5′04″	5′02″
	20	6	7	18	19	5′52″	5′50″	5′14″	5′12″
	10	5	6	16	17	6′12″	6′10″	5′24″	5′22″

表 13-4 大学加分指标评分表

加分/分	男生引体向上/个		女生 1 分钟仰卧起坐/个		男生 1000 米跑		女生 800 米跑	
	大一、大二	大三、大四	大一、大二	大三、大四	大一、大二	大三、大四	大一、大二	大三、大四
10	10	10	13	13	−35″	−35″	−50″	−50″
9	9	9	12	12	−32″	−32″	−45″	−45″
8	8	8	11	11	−29″	−29″	−40″	−40″
7	7	7	10	10	−26″	−26″	−35″	−35″
6	6	6	9	9	−23″	−23″	−30″	−30″
5	5	5	8	8	−20″	−20″	−25″	−25″
4	4	4	7	7	−16″	−16″	−20″	−20″
3	3	3	6	6	−12″	−12″	−15″	−15″
2	2	2	4	4	−8″	−8″	−10″	−10″
1	1	1	2	2	−4″	−4″	−5″	−5″

注：引体向上、1 分钟仰卧起坐均为高优指标，学生成绩超过单项评分 100 分后，以超过的次数所对应的分数进行加分；1000 米跑、800 米跑均为低优指标，学生成绩超过单项评分 100 分后，以减少的秒数所对应的分数进行加分。

二、《国家学生体质健康标准》解读

（一）社会背景

体质健康及其评价指标已被世界大多数国家的相关专家认同，并被广泛地应用于学生体质健康评价之中。2007 年，教育部、国家体育总局联合印发《国家学生体质健康标准》，并开始在全国各级各类学校全面实施。《国家学生体质健康标准》规定，要把“达标”的锻炼过程和测试结果与综合评定学生的学业成绩和升学体育考试结合，并使体育课教学和“达标”活动既各有侧重，又恰当结合，逐渐形成有效增强学生体质并激励学生主动、积极锻炼的新机制。《国家学生体质健康标准》适用于全日制小学、中学、中等职业学校和普通高等学校的在校学生。

（二）意义

《国家学生体质健康标准》的实施意义有以下几方面：

（1）有利于减轻学生、教师和学校测试工作的负担，避免教师不必要的重复劳动；

（2）有利于督促学生积极参加体育锻炼；

（3）有利于保证体育课教学活动的正常进行；

（4）有利于全面实现体育课程的总目标；

（5）有利于教育行政部门的管理，把学生培养成德、智、体、美全面发展的高素质人才。

（三）特点

《国家学生体质健康标准》有 3 大特点：

（1）评价内容比较全面；

（2）充分考虑了学生的个体差异；

(3) 有利于学生进行自我评价。

(四) 实施建议

(1) 高校应该强化《国家学生体质健康标准》在学生学业中的重要地位，进一步贯彻落实实施方案和体质测试成绩的管理办法，发挥其对公共体育教学的补充作用。

(2) 积极干预和引导学生运动参与动机和运动方式，发展学生体育核心素养，让更多的学生参与到“走下网络、走出宿舍、走向操场”的活动中。

(3) 创新与发展学生体质健康与运动锻炼信息系统建设，全面落实“以学校为主导、以学生为中心”的学生体质健康工作保障制度，加大资金投入，积极开发促进学生体质健康与运动锻炼的信息系统，让学生通过移动终端便捷、实时了解自身体质健康状况，获得相关运动信息和指导方案，使学生的体质锻炼具有科学性、趣味性和时效性。

第二节　体质健康评价

体质健康评价的常用指标包括身体形态、身体机能、身体素质、心理状态、适应能力等。

一、身体形态的评价

身体形态指人体在一定条件下的表现形式，包括人体各部分大小、人体重量、性征、骨骼、体型及身体姿态等。在大学生健康领域，常用的身体形态评价指标有体格、体型、身体成分和身体姿势，常用的测试指标有身高、体重、胸围、皮褶厚度等。

(一) 体格评价

体格指身体各环节的长度、宽度、围度、厚度和质量。一般通过观察或测量身体各部分的大小、形状、匀称度，以及身高、体重、胸围、肩宽、骨盆宽、皮肤和皮下软组织等情况来判断。常用的体格评价指标包括：长度评价指标（身高、坐高）；宽度、厚度评价指标（肩宽、骨盆宽、胸宽、胸厚）；围度评价指标（上臂围、胸围、腰围、臀围）；体重。

(二) 身体成分评价

身体成分指组成人体各组织器官的总成分，它是评价健康的重要依据。身体成分评价方法主要有两种：一是通过身体质量指数进行评价，身体质量指数 = 实际体重（千克）/身高（米）^{2}，成年人正常值为 19 ~ 25，小于 17.5 为体重偏轻，大于 26 为超重，大于 28 为肥胖；二是通过体脂百分比进行评价，体脂百分比指体脂质量占体重的百分比，成年男性的理想体脂百分比为 6% ~ 15%，成年女性为 10% ~ 20%。

(三) 体型评价

体型是对人体某个阶段形态结构及组成成分的定量描述。体型不仅影响形体美观，还与人的体质健康有比较密切的关系。体型的主要分类依据是肌肉、骨骼的发达程度和脂肪的储存程度。根据身体某部分器官发达的程度和身体外表的特征，可将体型分为三类：内胚层型（肥胖型）、中胚层型（强壮型）、外胚层型（瘦削型）。

(四) 身体姿势评价

身体姿势在一定程度上反映骨骼、肌肉、内脏器官与神经系统等各组织的力学关系，良好的身体姿势使身体处于稳定状态，保证身体各器官的功能正常，减轻肌肉、韧带的紧张程度。常用的身体姿势评价指标有四个，即脊柱形状、胸廓形状、腿形、足形。

二、身体机能的评价

身体机能指人体新陈代谢水平以及各器官系统的效能。身体机能的评价方式主要有心血管机能评价和心肺功能评价。心血管机能评价指标包括脉搏、血压、哈佛台阶试验、布兰奇心功指数、改良台阶试验；心肺功能评价指标主要有最大摄氧量和肺活量。

三、身体素质的评价

身体素质指人体在运动中表现出的速度、力量、耐力、灵敏及柔韧等方面的机能能力，也是人体的基本活动能力，是体质的重要组成部分，反映了人的体质差异。身体素质评价指标体系如图 13-1 所示。

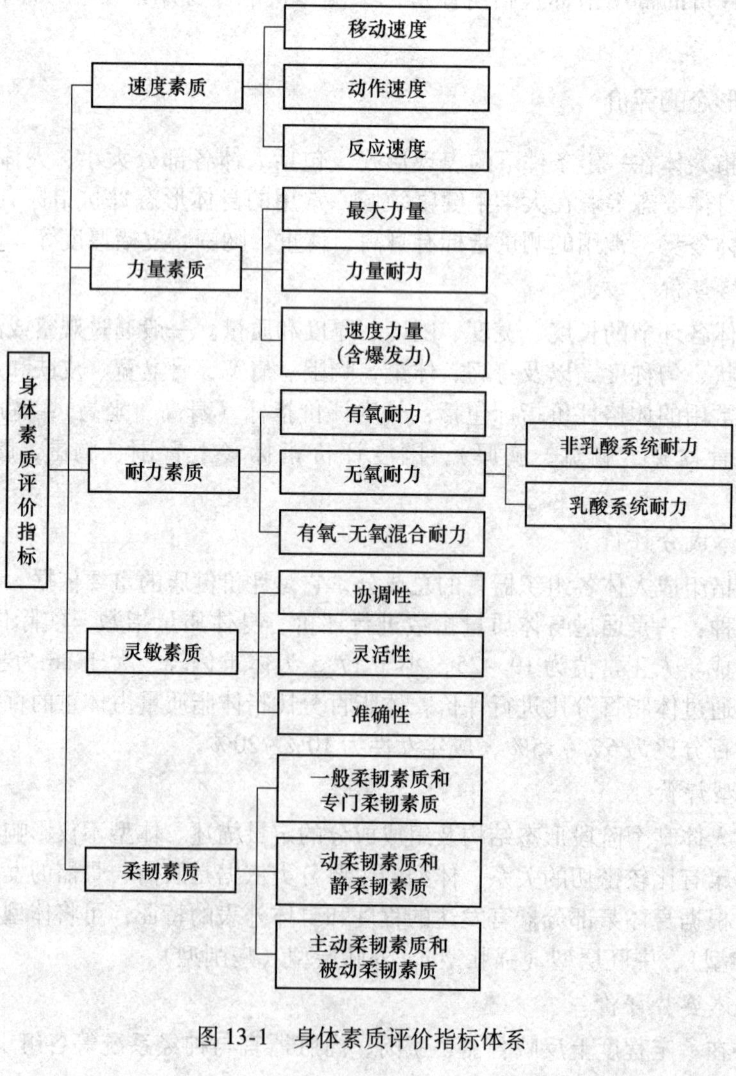

图 13-1　身体素质评价指标体系

四、心理状态的评价

心理健康是体质健康的重要方面，主要指人的基本心理活动的过程内容完整、协调一致，即认识、情感、意志、行为、人格完整和协调，能适应社会，与社会保持同步。目前在体质健康评价中，心理状态测评是比较薄弱的环节，一般选择可信度较高的量表来测评人的心理，如症状自评量表；也常用一些测量仪器测定人的时间知觉、空间知觉、操作思维和平衡感觉，将动作反应的速度及准确性等作为评价心理机能的指标。

五、适应能力的评价

人体适应能力指人维持身体与内外环境间平衡的能力，具体包括个体维持自身与其生存的自然环境、社会环境及生理环境间协调的能力，以及最大限度保持自身健康的能力。适应能力常用“人体适应能尢评价量表”进行测量。

第三节　运动前健康筛查

运动前进行健康筛查可以帮助大学生判断自己是否存在心血管疾病或其他疾病风险，使心血管疾病发生的可能性降到最低。大学生进行体育锻炼或运动前可使用自我筛查方法进行健康筛查，可借助以下问卷进行。

问卷1：体力活动准备问卷

如果大学生计划参加更多的体力活动，需先回答表13-5中的7个问题，根据结果判断运动前是否需要咨询医生。回答问题时应仔细阅读并诚实回答每一个问题，选择“是”或“否”。

表13-5　运动前健康状况调查表

是	否	健康状况
		医生是否曾经告诉你患有心脏病并且只能参加医生推荐的体力活动
		当你参加体力活动时，是否感觉胸痛
		自上个月以来，你是否在没有参加体力活动时发生过胸痛
		你是否曾因头晕跌倒或曾失去知觉
		你是否有因体力活动变化而加重的骨或关节（如腰背部、膝关节或髋部）疾病
		最近医生是否因为你的血压或心脏问题给你开药（如水剂或片剂）
		你是否知道一些你不能进行体力活动的其他原因

对一个或更多问题，如果被测者回答了“是”，在进行体能训练前应咨询医生，听从医生的建议；如果全部回答“否”，那么被测者可以参加较多的体力活动，但要缓慢开始并循序渐进。

问卷2：运动前健康筛查问卷

请根据表13-6中的描述如实评价自己的健康状况。

表 13-6 健康状况评价表

病史：一次心脏病发作；心脏手术；心脏导管插入手术；经皮冠状动脉成形手术；起搏器；植入式心脏除颤/复律器；心瓣膜疾病；心力衰竭；心脏移植；先天性心脏病	如果其中有任何一项符合被测者情况，则被测者可能需要在医务人员的监护下健身，请在运动前咨询医生
症状：在用力时有过胸部不适；有过不明原因的呼吸困难；有过头晕眼花、晕倒或眩晕；有过脚踝肿胀；有过因为快而强的心跳而导致身体不适；正在服用治疗心脏病的药物；有限制体力活动的肌肉和骨骼问题；关心过运动的安全性；正在服用处方药。 其他健康问题：有糖尿病；有哮喘或其他肺部疾病；短距离行走时，小腿有发热或抽筋的感觉	如果其中有两项或两项以上符合被测者的情况，则被测者需要咨询医生，逐步发展适合自己的运动计划
心血管危险因素：血压≥140/90 毫米汞柱；正在服用降压药；血浆胆固醇≥200 毫克/分升；有一个近亲有心脏病或做过心脏手术，其中父亲或兄弟≤55 岁，母亲或姐妹≤65 岁；很少进行体力活动（如每周运动 < 3 天，每天运动 < 30 分钟）；体重指数≥30 千克/米²；糖尿病前期	如果其中有两项或两项以上符合被测者的情况，则被测者需要在专业人员指导下进行健身运动，请在运动前咨询医生

如果以上描述均不符合被测者的情况，那么可以安全地开始自我指导的运动计划，不用咨询医生，被测者可以在几乎所有能满足自己运动计划需要的场所运动。

第四节 运动风险评估

本节介绍运动风险评估的相关知识，具体包括四个方面的内容：一是与运动相关的心血管、肺部或代谢性疾病的风险评估；二是血压的风险评估；三是静息心率的风险评估；四是身体成分的风险评估。

一、与运动相关的心血管、肺部或代谢性疾病的风险评估

存在心血管、肺部或代谢性疾病的个体，低到中等强度的体育活动产生运动风险的可能性与安静时差不多，在身体锻炼的初期应以低强度和中等强度的运动改善身体基本运动能力。有确诊的疾病、症状不稳定或有极高的可能性患有隐匿性疾病的个体应进行风险评估，应在运动前咨询内科医生。

二、血压的风险评估

血压测量是运动前健康筛查的一个重要部分。测量结果应该取两次或两次以上正确测量结果的平均值。在检查血压之前，务必排空膀胱，身体舒适且放松。将袖子比较紧的衣服脱掉，并休息 2 ~ 10 分钟。测量时胳膊应置于与心脏齐平的高度，且双脚平放于地面，将袖口挽到肘关节上方的位置，然后按照血压测量计的说明书开始测量。将血压读数与表 13-7 对比。

表 13-7 成年人的血压分类

血压分类	收缩压/毫米汞柱	舒张压/毫米汞柱	生活方式调整
正常	< 120	< 80	鼓励
高血压前期	120 ~ 139	80 ~ 89	调整
高血压一期	140 ~ 159	90 ~ 99	调整
高血压二期	≥160	≥100	调整

三、静息心率的风险评估

静息心率又称为安静心率，指在清醒、不活动的安静状态下，每分钟心跳的次数。心血管功能越强，静息心率就越低。测量静息心率的最佳时间是在早上起床之前。成年人的正常静息心率为60～100次/分钟，超出这个范围则属于异常情况。

四、身体成分的风险评估

身体由脂肪和非脂肪（肌肉、骨骼、器官和血液）组成。脂肪可以使身体分泌出恰当的荷尔蒙、维护神经系统正常工作、保护器官、保持体温。如果男性的体脂率低于5%，女性的体脂率低于8%，那么身体功能就会出现异常。身体成分的评估方法主要有生物电阻抗测量评估和身体质量指数评估两种。

参考文献

[1] 薄志炜，师长青. 实用登山攀岩技术 [M]. 西安：西安地图出版社，2005.
[2] 毕桂凤，高艳华. 体育健康 [M]. 徐州：中国矿业大学出版社，2007.
[3] 曾德明，谭俊，周伟平. 大学体育与健康教程 [M]. 成都：电子科技大学出版社，2017.
[4] 常超. 大学生体育与健康 [M]. 北京：经济科学出版社，2010.
[5] 陈军. 登山与攀岩技术指导 [M]. 长春：吉林文史出版社，2006.
[6] 陈黎. 大学体育教程 [M]. 徐州：中国矿业大学出版社，2010.
[7] 崔秀. 普通高校体育选项课教材（乒乓球）[M]. 北京：北京体育大学出版社，2003.
[8] 代永胜，王湛卿. 大学生体育与健康 [M]. 北京：机械工业出版社，2014.
[9] 董少伟. 大学体育理论教程 [M]. 北京：北京体育大学出版社，2014.
[10] 高成强，张占平. 大学体育与健康教程 [M]. 西安：西安交通大学出版社，2014.
[11] 高谊，冯永丽. 普通高校体育与健康理论教程 [M]. 天津：南开大学出版社，2013.
[12] 贡建伟. 大学体育与健康教程 [M]. 北京：科学出版社，2014.
[13] 黄宽柔，姜桂萍. 健美操·体育舞蹈 [M]. 北京：高等教育出版社，2006.
[14] 黄伟明，郑印渝. 新编大学体育与健康教程 [M]. 镇江：江苏大学出版社，2014.
[15] 黄文武. 大学体育与健康教程 [M]. 长沙：湖南大学出版社，2017.
[16] 黄艳美. 大学体育与健康 [M]. 北京：清华大学出版社，2013.
[17] 黄正喜. 大学体育与健康教程 [M]. 武汉：华中科技大学出版社，2017.
[18] 贾鹏飞. 公共体育课教程 [M]. 北京：人民体育出版社，2010.
[19] 赖锦松，余卫平. 大学体育教程 [M]. 3 版. 广州：华南理工大学出版社，2012.
[20] 兰自力，郝英，王义平. 大学体育与健康教程 [M]. 武汉：武汉大学出版社，2014.
[21] 李平. 大学体育与健康教程 [M]. 西安：西安电子科技大学出版社，2018.
[22] 李晓钟. 瑜伽练习 [M]. 北京：中国青年出版社，2005.
[23] 李征. 大学体育系列教材（非体育专业）[M]. 合肥：合肥工业大学出版，2002.
[24] 林恬. 大学体育与健康教程 [M]. 上海：上海交通大学出版社，2016.
[25] 刘佳，胡玉华，邓集钢，等. 大学体育与健康教程 [M]. 长沙：湖南大学出版社，2012.
[26] 麻晓芒. 普通高校体育与健康教程 [M]. 杭州：浙江大学出版社，2015.
[27] 毛秋明，黎加林. 羽毛球 [M]. 长沙：湖南大学出版社，2004.
[28] 彭杰，杨秀英，陈文岳. 大学体育与健康教程 [M]. 北京：现代教育出版社，2016.
[29] 钱进，王尼. 大学体育与健康教程 [M]. 杭州：浙江大学出版社，2015.
[30] 邱丕相. 中国武术教程 [M]. 北京：人民体育出版社，2003.
[31] 寿文华，魏纯镭，荣丽. 体育舞蹈 [M]. 北京：北京体育大学出版社，2007.
[32] 苏仕君. 大学体育健康实用教程 [M]. 西安：西北大学出版社，2011.
[33] 孙克成，徐国娟. 新编大学体育与健康教程 [M]. 北京：航空工业出版社，2014.
[34] 唐武英，周仁端，林春月. 大学体育与健康教程 [M]. 厦门：厦门大学出版社，2014.
[35] 唐渊，王晓瑭. 大学体育与健康教程 [M]. 成都：四川大学出版社，2014.
[36] 陶宇平. 户外运动与拓展训练教程 [M]. 成都：电子科技大学出版社，2006.
[37] 田振生. 大学体育教程 [M]. 保定：河北大学出版社，2004.
[38] 王皋华，张威. 大学体育与健康教程 [M]. 2 版. 北京：北京体育大学出版社，2014.
[39] 王萍，李德祥. 大学体育与健康教程 [M]. 北京：北京师范大学出版社，2010.
[40] 王志斌，严红玲，李梁华. 高校体育与健康教程 [M]. 南昌：江西人民出版社，2017.
[41] 王志强，徐国富. 大学体育与健康教程 [M]. 西安：西安电子科技大学出版社，2014.

[42] 吴云，王乃英，李国梁. 新编大学体育与健康教程 [M]. 济南：山东人民出版社，2014.
[43] 谢香道，刘贺余，刘国荣. 大学体育教程 [M]. 4 版. 上海：会计立信出版社，2012.
[44] 徐勤儿. 大学体育与健康教程 [M]. 苏州：苏州大学出版社，2016.
[45] 杨天庆，崔雪梅. 野外生存之旅 [M]. 兰州：甘肃人民出版社，2008.
[46] 杨彤彤. 大学体育与健康教程 [M]. 徐州：中国矿业大学出版社，2016.
[47] 殷志栋，陈应合. 大学体育与健康 [M]. 大连：大连理工大学出版社，2012.
[48] 袁宏怡，龚洪波. 大学体育与健康教程 [M]. 上海：同济大学出版社，2016.